헌법 새로 만들기

무엇을 어떻게

이 현 환

유원북스

머 리 말

사람은 누구나 자신이 살고 싶은 세상이 있다. 많은 사람들이 어울려 살면서 서로 자신이 원하는 세상을 만들고자 애쓴다. 이때 자신이 원하는 세상과 다른 사람이 원하는 세상이 서로 일치하면 아무런 다툼이나 충돌이 없이 한 세상을 만들어간다. 하지만 사람 사는 세상에서 이런 세상을 만들기는 참으로 어렵다. 사람들 사이에 서로 원하는 세상이 다르기 때문이다. 어쩔 수 없이 사람들은 다른 사람들과 타협하면서 서로에게 공통하는 세상의 모습을 합의하고 이를 자신이 사는 세상의 기본이념과 원리·원칙으로 받아들인다. 이를 문서화한 것이 헌법이다. 합의한 내용이 불만스럽거나 문제를 야기하거나 이전에 알지 못하던 새로운 현실이 닥치는 경우에는 합의한 내용을 바꾸게 된다. 이것이 헌법개정이다.

2017년 10월 현재 우리나라는 커다란 변화의 소용돌이 속에 들어 있다. 안으로는 전임 대통령의 국정농단에 이은 탄핵과 그에 이은 새 정부의 등장으로, 누적된 과거의 폐단들을 정리하고 새로운 나라를 만들고자 하는 열망이 들끓고 있으며, 분단의 다른 한편인 북한은 핵무기를 지렛대 삼아 미국과 직접 협상하려는 벼랑끝 전술로 하루하루를 긴장하게 하고 있다. 밖으로는 '아메리카 퍼스트'를 외치는 미국 대통령의 통상 및 무기구매압력과, 과거의 영화를 재현하고 싶어 하는 일본의 무분별한 질주, 그리고 미·중 사이의 패권다툼의 틈새에

끼어 있는 상황에서 외교적 난관이 연일 이어지고 있다. 이럴 때일수록 우리는 우리 스스로에 대한 명확한 인식과 전망을 바탕으로 대내외의 난국에 슬기롭게 대처해 나가야 한다.

현실을 직시하여 닥쳐오는 문제들을 지혜롭게 대처하기 위해서는 이전에 채택했던 나라의 기본이념과 운영원리가 가진 문제점이 무엇인지를 정확히 파악하고 이를 새롭게 바꾸어 헌법에 명시하고 이를 실천해가는 것이 필요하다.

이 책은 헌법은 어려운 것이라는 선입견을 벗어나서, 가장 일반적인 시민이면 누구나 쉽게 헌법을 생각하고 헌법을 바꾸는 일에 참여할 수 있게 하고자 하는 목적에서 집필되었다. 현재의 헌법이 가진 문제점을 하나하나 다 드러내어 논의할 수도 있지만, 이는 전문적인 학자나 연구자들의 몫이다. 마치 초가집을 허물어 고층빌딩을 짓는 것처럼 일반시민의 입장에서 기본적인 나라의 틀과 쓰임새를 정하고 각 층에 무엇을 배치할 것인지를 큰 틀에서 정하는 것으로 족하다. 내용 중에는 매우 상세하게 서술된 부분도 있으나 이는 주제 자체가 다른 분야보다 더 중요한 것이라는 필자의 생각에서 좀 더 많은 판단자료를 제공하고자 하였기 때문이다.

쉽게 썼다고 하지만, 독자에 따라서는 문장이 어렵거나 내용이 이해하기 어려운 부분이 있을 수도 있다. 내용에서 잘못된 부분이나 오해를 불러일으키는 부분이 있다면 이는 오롯이 필자의 몫이다. 독자들의 따가운 질정을 통해 바로잡을 수 있기를 기대한다.

헌법은 「민주시민」의 주체적 자기인식과 자각의 결과물이어야 한다. 공동체 구성원 한 사람 한 사람이 자신의 공동체에 대한 주체적 자기인식과 자각을 통하여 자신이 원하는 공동체의 상을 적극적으로 제시하고, 이를 다른 사람들과 공유하여, 전체 구성원들이 동의할 수 있는 공동체의 기본틀과 운영원리를 찾아야 한다. 그런 의미에서 이 책이 우리 국민들의 주체적 자기인식과 자각에 조금이나마 기여할 수 있게 되기를 감히 바라본다.

헌법을 개정하는 시기가 짧은 탓에 시간적 한계를 가진 책을 기꺼이 출판하는 데에 동의해 주신 유원북스 이구만 사장과 편집에 애써주신 전충영 상무께 감사드린다.

지난 봄에 열반에 드신 아버님의 영전에 이 조그만 책자를 삼가 올리면서 …

2017년 늦가을에, 용산의 우거에서

저자 씀

차 례

들머리글

一. 헌법개정의 기본방향-새로운 시대가 나아갈 길

지난 2016년 10월 24일 이후 2017년 10월 현재까지 우리 국민들은 엄청난 시대의 변화를 몸소 체험하고 있다. 어처구니 없는 국정농단의 적나라한 실체를 눈귀로 보고 듣고 1,600만이 넘는 촛불로 탄핵을 이끌어내었고, 뒤이어 대통령 보궐선거를 통하여 새로운 정부를 구성하였다. 이 일련의 과정은 가히 **촛불민주주의**(candle democracy)라 불러도 좋을 만큼 세계사에 큰 족적을 남겼다. 이는 단순히 우리나라의 문제만이 아니라 전체 인류의 관점에서도 새로운 질서를 누구 한 사람 피흘림 없이 이렇게도 이루어낼 수 있구나 하는 놀라운 일이 아닐 수 없다. 가히 세계혁명사에 큰 획을 그은 사건이었다.

20세기를 숨가쁘게 달려왔던 우리 국민들은 근대의 질곡이었던 식민시대, 인류사적 대립구도의 결과로 초래된 분단, 동족상잔의 참화이었던 6·25 전쟁, 그리고 그에 이은 독재권력의 시대 등 일찍이 다른 어떤 나라도 하지 못했던 쓰라린 경험들을 온몸으로 겪어왔고, 그 와중에도 민주주의와 법치주의 그리고 산업화로 표현되는 경제성장 등을 단기간에 달성하는 등, 세계사에서 일찍이 없었던 성취를 이루어냈다. 20세기 이전의 삶에서 21세기의 삶으로 변화하는 과정에서 우리 국민들이 겪어야 했던 질곡과 고통은 우리 국민들을 더욱 단련시키고 성숙하게 하는 계기이었으며, 더 나아가 21세기에 인류가 처한 다양한 난관들을 극복하는 지혜를 배우고 익히는 기회였다고 생각한다.

이제 새로운 대통령을 선출하여 그로 하여금 국가를 새롭게 일신하는 과제를 수행하게 하고, 나아가 소위 '87체제를 만들었던 헌법을 개정하여 그동안 우리 국민들에게 질곡과 제약으로 작용하였던 20세기적 적폐를 청산하고 국가공동체를 재구성하여야 하는 중차대한 과업이 우리 국민 앞에 놓여 있다.

이 책에서는 새로운 헌법이 지향해야 할 가치와 이념 그리고 질서원리들을 개괄적으로 짚어보고 이를 구체화하기 위한 기초적 인식틀을 제시하고 이를 바탕으로 헌법개정의 구체적인 내용들을 검토해본다.

1. 20세기적 질서에서 21세기적 질서로

2017년 3월 10일에 있었던 박근혜대통령에 대한 탄핵결정은 박근혜정부가 끝났다는 것 이상의 의미를 가진다고 볼 수 있다. 시간적으로 어느 때까지 생각하느냐에 따라 어떤 사람은 '87년 헌법 이후의 보수정권의 종식을 말하기도 하고, 어떤 사람은 5·16 쿠데타 이후의 박정희 권력이 끝났다고 말하기도 한다. 좀 더 시간적 범위를 넓히면 성리학적 유교국가이었던 조선이 이제야 끝났다고 할 수도 있다. 왜냐하면 20세기 동안 우리나라는 **전근대적·유교적 국가인식**을 완전히 극복하지 못한 채, 집권자를 조선시대의 왕과 동일시하거나 공적 영역인 국가영역을 개인보다 우위에 두어 개인을 국가를 위하여 희생하여야 하는 존재로 인식하였기 때문이다.

21세기적 질서는 개인과 국가, 개인과 세계 사이의 기본관계에 관한 기본적인 인식이 획기적으로 바뀔 것을 요구하고 있다. 과학기술, 특히 정보통신기술이 발달하여 사람과 사물을 인식하는 기반이 완전히 달라지게 되었고, 그에 따라 여기서의 한 개인과 지구 저편의 개인 사이에 서로서로 의존하고 관련되어 있다고 이해하게 되었다. 이러한 양상은 인간의 삶을 하나의 사회나 국가의 범위에서만 파악할 수 없게 만들고 있으며, 전 세계에 존재하는 다양한 인간들이 함께 살아가는 **공존의 원리**를 추구하도록 하고 있다. 만약 어느 한 사회나 국가가 자신들이 가진 가치와 이념 내지 이익을 독단적으로 추구한다면 세계는 끊임없는 대립과 갈등으로 극도의 혼란과 무질서 그리고 불안으로 점철될 것이다.

우리나라가 새롭게 만들어가야 하는 사회와 국가 또한 이러한 21세기적 질서를 적극적으로 수용하고 이를 우리 것으로 받아들일 필요가 있다. 이는 우리 국민들에게 내재해 있는 **범인류적 가치와 이념**을 발견하고 이를 다른 사회 및 국가들과 공유하도록 지향하여야 함을 의미한다.

2. 수직적 질서에서 수평적 질서로

지나온 20세기적 질서 하에서 우리나라 국가권력의 가장 큰 특징은 바로 명령-복종의 수직적 질서체계였다는 점이다. 유교국가 조선의 경우는 말할 필요가 없고, 20세기 전반의 식민지 경험 하에서도 권력이 개인의 기본적 인권을 보장하기보다는 식민지통치의 효율을 위하여 억압하고 군림하였음을 부인할 수 없으며, 이러한 권력의 속성은 해방 후 국토분단에 이은 독재권력에서도 그대로 유지되었다. 이른바 '제왕적 대통령제'로 불리는 권력구조 아래에서 대통령이 우월적 지위에서 입법부와 사법부에 대한 지배력을 극대화하여 **수직적 권력구조**를 구축하였다. 이는 필연적으로 사회 및 국가 전체의 질서를 수직적 질서로 구성하고 개인을 그 수직적 권력구조 하에 종속되게 하였다.

근대적 헌법국가의 기본구조인 권력분립원리는 분립된 권력 간의 수직적 지배관계가 아니라 소통과 협의의 수평적 균형화를 추구하는 원리이다. 따라서 우리가 구축해야 할 새로운 질서는 대통령이 우월적인 지위를 갖는 수직적인 질서가 아니라 행정부와 입법부 그리고 사법부 3권이 수평적으로 권력을 나누고 균형을 이루는 질서이다. 권력이 수평화되면 각 권력 간에 소통과 협의가 이루어지지 않으면 국가의사를 결정할 수 없다. 뿐만 아니라 국가영역에서 권력의 수평화는 사회영역에도 크게 영향을 미친다. 한 가정 내에서부터 사회와 국가 전반에 걸쳐 수직적 질서가 아닌 **수평적 질서**를 구축하는 것이 우리가 지향해야 할 과제이다.

3. 국가 우위에서 개인(사회) 우위로

20세기적 유산 중에서 많은 사람들의 뇌리 속에 남아 있는 구호

중의 하나가 「나라를 위하는 국민이 되자」라는 것이다. 이는 국가에 대한 맹목적 충성을 요구하는 유교국가적 유산이기도 하고 독재권력이 늘 강조하는 하나의 이념형이었다. 전체를 위하여 개인이 희생하여야 한다는 맹목적 구호 속에서 개인은 파편화되고 분산되어, 권력의 원천으로서의 국민이라기보다는 통치의 대상이자 국가를 위하여 자신을 포기하여야 하는 수동적 존재로 인식될 뿐이었다. 국민이 위해야 하는 나라는 먼저 국민을 위하는 나라이어야 한다. 그래야만 국민도 나라를 위할 의무와 가치가 있다. 국민을 위하는 나라는 개인들과 그들의 집합체인 **사회의 가치와 이념**을 우선적으로 보호하고 지원하며 조성하여야 한다. 물론 나라 자체를 부인하거나 반사회적인 행동으로 개인과 사회의 안전과 질서를 해치는 개인은 보호받을 수 없다. 이는 개인과 사회를 위한 최소한의 안전장치를 국가가 갖추어야 함을 의미하지만, 그 안전장치를 빌미로 하여 개인과 사회를 억압하거나 불안을 조성하여 국가의 권력을 유지하고자 도모한다면 이는 반민주적인 기만술일 뿐이다.

과거 우리나라에서는 국가안보라는 이데올로기를 내세워 국민의 눈과 귀를 가리고 장기집권과 권력을 독재화했던 정치세력들이 헌법과 법률을 형식화하고 억압의 도구로 활용하였으며, 국민을 자신들의 이익을 위한 소모품으로 전락시킨 쓰라린 경험을 갖고 있다. 이제 새로운 헌법을 통해 국민이 주권자임을 더욱 강조하고 개인의 인권을 최대한 존중하여 국가가 국민을 위하여 존재한다는 원칙을 더욱 명확히 하여야 할 것이다.

4. 권력 지향에서 기능 지향으로

권력이 무엇인가에 관해서는 여러 견해가 있지만, 공통적인 것은 국가의 중요정책을 결정하는 권한이다. 중요한 것은 그 중요정책이 누구를 위한 것인가이다. 오늘날 국가권력은 소수의 집권자와 그를 옹호하는 주변집단의 이익을 위해서가 아니라 국가의 전체 구성원의 이익을 위하여 행사되어야 하는 것이다. 소수의 집권자와 그 주변집단의 이익만을 위한 권력은 권력을 사유화(私有化)하거나 혹은 권력의 사사성(私事性)을 추구하여 권력을 누리는 것이다. 전체 국민의 이익을 위하여 권력을 행사하는 것은, 권력은 누리는 것이 아니라 철저히 국민에게 봉사하는 것이어야 함을 의미한다. 국민이 만든 헌법에 의해 만들어진 권력은 스스로를 만들어준 주인에게 봉사하는 것이어야 하고 누리는 것으로서가 아니라 봉사하는 것으로서 기능하여야 한다. 이것이 **권력의 공공성(公共性)**이다.

과거 우리나라는 모든 국가기능이 권력을 위하여 존재해왔다. 국가라는 이름으로 개인을 억압하고, 국가와 사회 전 영역의 정책이 집권자의 의사에 따라 좌지우지되어 각 영역의 고유한 역할과 기능을 왜곡하였다. 가요나 회화, 연극·영화에 대한 검열, 역사왜곡, 일방적 사상강요, 교육내용 통제, 관치경제 등, 정치·경제·사회·문화·교육 전 영역에서 국가라는 이름으로 권력의 일방적 강요와 억압이 횡행했었다.

새로운 시대에는 권력이 그 자체를 위하여 존재하는 것이 아니라 국가의 각 기능영역이 올바르게 작동하도록 뒷받침하는 힘으로 작용하게 하여야 한다. 국가의 각 기능은 그 **기능 자체에만 충실**하여야 하지 자신의 기능을 빌미로 하여 다른 영역을 침범하여 자신의 권력에 따르도록 강요하지 못하게 하여야 한다. 지금까지 권력을 위해 봉사하였던 모든 기능들이 기능 자체만을 발휘하도록 재구성되어야 한다.

네모난 그물을 어느 한 끝과 다른 한 끝을 잡고 당기면 양끝은 직선이 되어도 거의 모든 그물코가 허물어진다. 각 그물코들이 국가의 각 기능이라 하면 기능 자체가 최대한 잘 유지되기 위해서는 각 그물코의 전후좌우의 힘이 골고루 분산되어 있어야 한다. 권력은 바로 이 그물코를 잘 유지하기 위한 힘의 균형을 위하여 존재한다. 예술가들이 자신의 능력을 최대한 발휘하기 위해서는 최소한의 생존조건이 갖추어져야 한다. 올바른 교육을 위해서는 사람다움에 대한 다양한 시각을 표현하고 토론하며 활발하게 논의할 수 있는 장이 갖추어져야 한다. 사회의 각 영역에서 각자의 역할을 다할 때에 사회는 건전하게 유지될 수 있고 발전해간다. 이 과정에서 국가권력은 사회의 각 영역이 자신의 역할을 다할 수 있도록 뒷받침하고 보조하며 조성해주는 역할을 하여야 한다. 권력이라 하여 사회 각 영역을 간섭하고 침해하는 것은 곧 그 영역을 왜곡되게 하고 그에 따라 사회는 국가에 종속하게 되어 불안전하고 혼돈스럽게 되고 만다.

5. 중앙(집중) 지향에서 지방(분산) 지향으로

우리나라는 전통적으로 중앙집권적 국가이었지만, 오늘날의 국가는 획일적인 중앙집중형 권력으로는 사회의 다양성과 다원성을 다 담아내지 못한다. 정치 · 경제 · 사회 · 문화 · 교육 · 예술 등 사회의 각 영역들이 각각의 독자성을 가지고 자율적으로 행동함으로써 각자의 특성을 최대한 살리고 그에 종사하는 개인들의 삶을 최대한 가치있게 구현할 수 있도록 국가가 지원하고 조성하는 역할을 하여야 한다. 이와 같은 **사회영역의 다양성과 다원성**은 공간적 영역에서 중앙과 지방 사이의 적절한 권한분배와도 밀접한 관련이 있다.

그동안 우리나라는 서울 중심의 중앙을 중심으로 하여 모든 지방의 역량이 집중되었고, 그에 따라 수도권과 비수도권 사이에 극단의 양극화가 나타났다. 그 결과로 수도권은 비대화로 인하여, 비수도권은 공동화로 인하여 많은 문제를 낳고 있다. 삶의 주체인 지방주민들의 **자율권과 자치권**을 강화하여 중앙에 집중된 사회의 제 영역들을 지방으로 분산시키고 중앙과 지방이 동시에 발전할 수 있는 기틀을 갖추어야 한다. 이는 중앙권력을 지방으로 분산하고 지방적 자율성을 강화하는 **권력의 수직적 분산화**를 의미한다.

6. 효율성 지향에서 합리성·합법성 지향으로

우리나라는 식민과 분단이라는 난관에도 불구하고 고도의 경제성장을 이루어 서구의 이론가들에 의해 압축적 근대화로 불릴 만큼 경제성장의 모범으로 인정받고 있다. 그러나 경제성장을 달성하기 위하여 특권과 반칙이라는 비합리적·탈법적 수단을 중시하였고 오직 성장만능주의와 경제적 효율성만이 강조되었다. 그로 인해 전체 경제규모는 세계 12위권을 넘나들 정도로 성장하였지만, 부의 편재와 집중으로 말미암아 사회의 경제적 양극화는 더욱 커지는 상황에 처해 있다. 이는 정부 주도의 경제성장의 부작용으로서 오늘날과 같이 열린 사회와 합리적 사회에 걸맞지 않은 현상이다.

한 국가의 지속가능한 성장을 위해서는 사회영역의 건전함과 건강성이 우선되어야 한다. **합리성과 합법성**에 기초하여 개인과 사회의 여러 영역들이 구축될 때에 비로소 국가의 지속가능성이 높아지고 발전의 동력이 창출될 수 있다. 한 사회 내에서 건전한 의견대립과 건강한 비판을 허용할수록 합리성과 합법성이 높아질 수 있다. 마치 새가 좌우 날개로 날지만, 그 날개가 붙어 있는 몸통이 건강하지 않으면 좌우 날개가 무의미해지는 것과 같은 이치이다.

합리성과 합법성의 기본바탕은 곧 인간의 존엄성이다. 아무리 합리성과 합법성을 가장한다 하더라도 인간의 존엄성을 깨뜨리는 결과를 낳는다면, 이는 결코 합리적이라거나 합법적일 수가 없다.

7. 대립 지향에서 협치 지향으로

우리나라뿐만 아니라 전 세계적으로도 20세기까지의 세계질서는 대립과 갈등, 배타주의와 종교적 유일근본주의 등으로 끊임없는 분쟁과 혼란으로 점철되어 왔다. 전 지구적 평화와 안전을 위해서는 타문화와 전통에 대한 존중과 종교적 관용을 통해 상호 공존과 협력 그리고 조화를 통한 **협치의 시대**로 나아가야 한다.

우리나라의 그간의 정치 및 사회현실에서도 배타적 고립주의와 다름에 대한 불관용으로 말미암아 적지 않은 혼란과 다툼을 보여온 것이 사실이다. 특히 정치 영역에서는 제왕적 대통령제의 영향으로 인하여 생산적인 토론과 타협의 기회를 배척하고 오직 집권자 및 그 주변집단의 안위와 요구만을 관철시키려는 대립적·소모적 양상을 보여왔음을 부인하기 어렵다.

헌법개정을 통해 권력구조를 변경한다면, 다양한 정치세력 간의 협력과 소통 그리고 견제와 균형을 가능하게 하는 협치를 지향하는 권력구조로 개편하여야 할 것이다. 민주주의가 대립과 충돌을 피하고 다른 상대방의 존재를 용인하면서 정치적 결정을 평화적으로 실현하기 위하여 고안된 원리임을 인정한다면, 협치를 지향하는 권력구조는 우리나라뿐만 아니라 전 인류에게 요청되는 정치원리일 것이다.

협치를 지향하는 권력구조는 특히 국민대표기관인 **의회 영역**에서 구현되어야 한다. 정당 간의 첨예한 의견대립이 있더라도 참을성 있게 이를 조정하고 타협하여 결론을 도출해 낸다면, 정책결정과 그 집행에서 훨씬 강력한 추진력을 얻을 수 있을 것이다.

8. 주변 지향에서 중심 지향으로

주지하다시피, 20세기 후반기는 2차 대전 후의 냉전적 세계질서로부터 다극적 세계질서로 옮겨갔고, 21세기에 들어와서는 미국을 중심으로 하는 세계와 중국을 중심으로 하는 세계가 충돌하는 상황이 전개되고 있다. 우리나라는 공간적으로 양 세계의 극단이 첨예하게 충돌하는 지점에 놓여 있고 그에 따라 남북한 공히 양 중심의 세계로부터 영향을 받는 주변적 질서로 규정되고 있다.

대륙과 해양의 양면에 걸쳐 있는 우리나라의 지정학적 위치에서 볼 때 이와 같은 주변적 질서는 어쩔 수 없는 필연적 숙명일 수도 있겠으나, 오히려 우리 자신을 중심으로 하여 자주적·주체적으로 세계를 바라볼 수 있는 위치로 이해할 수도 있다. 오늘날의 과학기술과

정보통신의 발달은 공간적 한계를 넘어선 인식틀과 그에 따른 가능성을 더욱 넓혀주고 있다. 양 중심세계의 가장 극단에 위치해 있는 우리로서는 양 중심세계를 포섭할 수 있는 유일한 위치에 있는지도 모른다. 두 개의 원을 다 담을 수 있는 것은 두 원이 접하는 오직 하나의 점이듯이, 우리나라가 충돌하는 두 중심세계의 조화와 협력을 이끌어낼 수 있는 더 큰 **중심의 지위**일 수도 있으므로, 두 세계를 떠안을 수 있는 지혜의 안목을 갖추어야 할 것이다.

9. 분열(분단) 지향에서 통합(통일) 지향으로

우리 민족과 국가에게 가장 중요한 21세기적 과제를 말할 때, 누구든지 주저없이 **통일한국**을 말할 것이다. 과거의 우리 역사를 살펴보면, 수천 년 동안 분열되어 급기야 아시아대륙의 끝에 위치한 조그마한 반도의 귀퉁이에서 그것도 분단된 채 쪼그라든 모습으로 남아 있음을 한탄스러워 하게 된다. 수천 년 동안의 역사과정이 분열의 연속이었다면 이제 새로운 시대의 지향점은 **통합의 과정**이어야 할 것이다. 통합의 과정에 대한 헌법적 뒷받침을 어떻게 할 것인지는 더 많은 연구와 논의를 거쳐야 하겠지만, 분단상태의 극복을 위한 규범적 재구성과 새로운 인식틀이 절실히 요구된다 할 것이다.

위에서 언급한 새 시대의 지향들이 새 헌법에 어떻게 반영될 것인지는 관련된 규정에서 더 구체적으로 논의되어야 하지만, 21세기 현재의 시점에서 우리나라가 나아가야 할 방향성과 적실성의 측면에서 어느 하나도 경시되어서는 안될 것으로 생각된다.

二. 헌법을 바꾼 역사

1. 조선에서 대한제국으로 – 대한국(大韓國) 국제(國制)

성리학적 유교국가 조선은 물밀 듯이 밀려오는 서구의 사상과 제국주의의 압박 속에서, 개화파들은 1894년 일본제국을 등에 업고 갑오개혁을 주도하였다. 이들은 1895년 1월에 「홍범 14조」를 선포하였다. 이는 우리나라 최초의 근대적 정책백서이자 최초의 헌법적 성격을 지닌 것으로, 국왕이 우리나라의 자주독립을 처음으로 내외에 선포한 문서이었다. 이후, 독립협회·만민공동회 등이 중심이 되어 자주독립운동을 활발하게 전개하자, 정부는 1897년, 연호를 '광무(光武)'로 정하고, 같은 해 10월 국명을 '대한제국(大韓帝國)'으로 고쳐 내외에 자주국가임을 선포하였다. 또한 대한제국의 정체(政體)와 군주의 권한 등을 내외에 밝히기 위하여, 고종은 법규교정소(法規校正所)의 검토와 토의를 거쳐 1899년 8월 17일 「대한국 국제」 9조를 채택하여 황제명으로 반포하였다. 「국제」라는 명칭을 사용하였으나, 서구 입헌주의의 관점에서 「헌법」에 해당하는 것이었다. 「홍범 14조」가 조선국을 그대로 유지한 채 반포된 데 비하여, 「대한국국제」는 국호를 변경한 후 반포되었다는 점에서 사실상 **최초의 헌법**이라 하여도 무방하다.

「국제」는, 대한제국이 전제군주국이며, 입법과 행정의 전권을 군주가 가지고, 군통수권·사면감형권·영전수여권·사신파견권 등 황제를 주권적 권력으로 하는 **전제군주국**임을 표방한 것이었다.

대한제국이 전제군주국으로서 대외적으로 그 자주독립을 표방하였으나, 일본제국의 침략정책에 맞설 힘을 갖지 못한 채, 점차 일본제국의 강압적 지배를 받게 되었다. 1905년 을사조약으로 외교권을 박탈당하고, 1907년 정미7조약으로 군대가 해산되고 사법권이 박탈된 후, 결국 1910년에 강압적 합병조약으로 조선반도 전체가 강점당하기에 이르렀다. 「국제」에서 선언된 전제군주정으로는 밀려오는 서구세력과 일본제국의 침탈을 도저히 막을 수 없었다.

2. 대한민국임시정부 헌법

일본제국의 초대 총독 데라우치는 정치·경제·사회·문화 등 사회 전 분야에서 폭력적인 억압과 수탈을 자행하는 무단통치(武斷統治)를 실시하여, 수많은 항일운동가들을 학살·투옥하고 모든 형태의 반일 활동을 탄압하였다. 일본제국의 법령을 조선반도에만 적용되는 「제령(制令)」이라는 형태로 변용하여 식민지법질서의 기본으로 삼고, 언론·출판·집회·결사의 자유 등 기본적인 정치적 권리와 자유도 금지하며, 조선태형령(朝鮮笞刑令)으로 가벼운 죄에도 가혹한 신체적 처벌을 가하여 인권을 유린하였다. 이는 후일 분단 후 대한민국의 경찰 및 검찰권의 행사에 많은 부정적 영향을 끼쳤다. 또한 토지조사사업과 회사령 등으로 민족 산업의 발전을 억압하고 경제적 수탈을 자행하였다. 1910년대에 지속적으로 나타난 이러한 정치적 억압과 경제적 약탈로 농민을 비롯한 민중의 생활은 크게 악화되었으며, 이에 대응하여 대한제국 인민은 독립을 위한 비밀결사운동, 독립정신 고취를 위한 교육·문화운동, 경제적 수탈에 대한 농민·노동자의 생존권 수호운동 등으로 저항하였고, 일본의 식민지 지배에 대한 분노와 저항

의지가 높아졌다.

지속적인 항일독립운동은 마침내 1919년 3월 1일의 **3·1혁명**으로 폭발하였다. 수개월에 걸쳐 신분과 무관하게 국내외의 2,000만 전 대한제국 민중이 말 그대로 거족적으로 봉기하였으며, 국내외를 막론하고 독립운동이 전개되었다. 일제는 비인도적인 대량 살육과 만행, 그리고 대규모 검거로 독립운동을 탄압하였고, 국제적으로도 많은 비난을 받았다. 당시 민중시위에서 독립을 부르짖은 2,000만 민중의 호소는 단순한 집단적 반항의 성격을 넘어 새로운 국가질서를 탄생시키기 위한 **헌법제정권력**의 성격을 띠고 있었다.

3·1혁명 이후 국내외의 독립운동세력들은 1919년 4월 11일 임시의정원을 구성하고 각 도 대의원 30명이 모여서 **임시헌장** 10개조를 채택하였으며, 4월 13일 한성임시정부와 통합하여 대한민국임시정부를 수립·선포하였다. 이어 6월에는 노령정부와도 통합하였다.

그 후, 대한민국임시정부 헌법은 제1차 개헌(대한민국임시헌법, 전문, 8장, 본문 58개조－대통령제, 1919.9.), 제2차 개헌(대한민국임시헌법, 6장, 본문 35개조－국무령제, 1925.4.), 제3차 개헌(대한민국임시약헌, 5장, 본문 50개조－국무위원제, 1927.4.), 제4차 개헌(대한민국임시약헌, 5장, 본문 42개조－주석제, 1940.10.) 및 제5차 개헌(대한민국임시헌장, 전문, 7장, 본문 62개조－주·부주석제, 1944.4.)으로 이어지면서 27년간의 오랜 기간 동안 국내외 동포들에게 상징적 대표기관으로서 독립운동을 전개해 왔다. 2차대전 발발 후인 1941년 11월에는 헌법에 준하는 문서로 평가될 수 있는 「대한민국건국강령」이 선포되기도 하였다.

3. 대한민국 헌법

1945년 해방 이후 38선 이남에 미군정이 실시되자, 자주독립과 통일대한민국을 달성하기 위하여 대한인민들은 부단한 노력을 기울였으나, 적국점령이라는 미군정의 기본정책에 가로막혀 한계를 가질 수밖에 없었다. 그럼에도 불구하고 대한인민들은 미군정의 인준 하에 「남조선과도입법의원」을 구성하고(1946년 12월 12일), 통일될 때까지 임시로 적용될 「남조선과도약헌」을 제정하고자 노력하였다. 1947년 2월 28일 남조선과도약헌안을 작성하고 8월 6일 「**조선임시약헌**」을 의결하였으나, 미군정은 동년 11월 24일 인준보류를 통지하여 이를 인정하지 않았다. 우리나라의 주권을 부정한 미군정은 규범적으로 보면 그 자체 미국의 법질서이었기 때문에, 우리나라의 자주독립국가 건설에 장애로 작용한 것이었다.

신탁통치안 반대, 좌우합작위원회 구성, 남북협상 등, 통일대한민국을 수립하기 위한 숱한 노력에도 불구하고, 남북분단 상황에서 38선 이남지역에 독자적인 정부가 수립되었다. 1948년 7월 17일 대한민국 헌법을 제정하고 이승만을 대통령으로 선출한 후, 같은 해 8월 15일 정부수립을 대내외에 공표하였다.

1948년 **제헌헌법**은, 유진오 박사의 초안은 원래 의원내각제 정부형태와 양원제국회를 규정하였으나, 이승만의 반대로 하루아침에 대통령제와 단원제국회로 변경되었다. 부통령을 둔 대통령제로서 대통령과 부통령은 국회에서 간접선거로 선출되었다. 의원내각제적 요소로서 국무원제도를 존치시켜 국무총리를 두었다. 이 외에도 위헌법률심판을 맡는 헌법위원회, 탄핵심판권을 갖는 탄핵재판소, 대법원을 정점으로 하는 법원 등을 두었다.

제1차 헌법개정(발췌개헌)은 6·25 전쟁 중인 1952년 7월 4일에 임시수도인 부산에서 행해졌다. 전쟁의 와중에서 이승만정부는 비상계엄령을 선포하고 국회를 완전히 포위한 상태에서, 국회는 여야가 각각 제출한 개헌안을 각 발췌하여 짜깁기한 개헌안을 별도의 공고절차 없이 또한 토론 없이 기립투표로 강행통과시켰다. 개정헌법은 정·부통령을 직선으로 선출하고, 국회를 양원제로 하며, 국회의 국무원불신임제 등을 규정하였다.

제2차 헌법개정(사사오입개헌)은 휴전협정 후인 1954년 11월 17일에 있었다. 개헌안에 대한 표결결과 재적 203인 중 찬성 135표로, 개헌정족수인 재적의원 2/3(135.3)인 136표에 1표가 부족하여 부결이 선언되었으나, 수학의 사사오입(四捨五入)에 따라 이틀 후 가결로 번복되었다. 사람 수를 계산하는 정족수계산법과 전혀 맞지 않는 터무니없는 계산법이었기 때문에 원천적으로 무효인 헌법개정이었으나, 현실적으로 강행되고 말았다. 2차 개정에서는, 국무총리제도를 폐지하여 순수한 대통령제로 바꾸고, 경제조항을 자유경제체제로 대폭 수정하였으며, 초대대통령의 중임제한규정 철폐 등을 규정하였다. 이승만 대통령의 장기집권의도가 명백히 드러난 헌법개정이었다.

제3차 헌법개정(4·19혁명헌법, 의원내각제개헌)은 이승만의 독재권력이 장기집권을 위하여 3·15 부정선거를 자행한 것에 대한 전국적 항거로부터 귀결되었다. 이승만이 사퇴하고 허정 과도정부가 수립되어 곧바로 개헌에 착수하여, 1960년 6월 15일 여야합의에 의한 개정안이 통과되었다. 그 내용으로, 정부수립 초기부터 주장된 의원내각제로의 개헌이 관철되었고, 양원제국회, 위헌법률심판과 탄핵심판을 담당하는 헌법재판소 설치, 대법원장과 대법관선거제, 지방자치단체장의 직선제 등, 헌법의 민주적 성격이 강화되었다.

제4차 헌법개정(소급입법개헌)은 부정선거를 자행한 반민주행위자들에 대한 법률상의 처벌이 경미하여 석방되는 것에 대하여, 학생들이 소급입법을 해서라도 이들을 처벌할 것을 주장하여 헌법에 부칙규정으로 소급입법의 근거를 규정한 개헌이었다. 개정된 부칙규정에 근거하여 부정선거관련자처벌법, 반민주행위자공민권제한법, 부정축재자특별처리법, 특별재판소및특별검찰부조직법 등의 소급입법이 제정되었다.

제5차 헌법개정(5·16쿠데타헌법, 대통령제개헌)은 5·16 군사정변 후 국가재건비상조치법에 의하여 정부가 운영되는 등 헌법파괴의 상황에서 쿠데타세력에 의하여 개정된 것이었다. 헌법개정안은 국민의 의견을 수렴한 것이 아니라, 비상조치법의 개정을 통하여 국가재건최고회의의 의결을 거쳐 마련되었고 1962년 12월 17일 국민투표를 거쳐 확정되었다. 개정헌법은 4년 중임의 미국식대통령제를 채택하였으나 미국의 대통령보다 훨씬 강력한 권한을 가진 것이었다. 국회는 단원제로 하고 위헌법률심사권은 대법원에 부여하였다. 그리고 국무총리제와 국무총리·국무위원 해임건의제를 두고 있어서 의원내각제적 요소를 내포하고 있었다.

제6차 헌법개정(3선개헌)은 두 임기의 대통령직을 수행한 박정희 대통령이 3선의 장기집권을 위하여 개정한 것이었다. 3선을 반대하는 여당 내의 세력들을 숙청한 후 대통령의 계속재임은 3기에 한한다는 규정을 두어 장기집권을 가능하게 한 것이었다.

제7차 헌법개정(유신헌법개헌)은 1971년 대통령선거 후 95만표라는 아슬아슬한 표차로 승리한 박정희 대통령이, 국제적인 해빙무드하에서 소위 '한국적 민주주의'를 토착화한다는 명분으로 개정한 것이었다. 대통령 박정희는 1972년 10월 17일 「비상조치」를 선언하고 국회해산, 정당·정치활동금지, 헌법 일부조항 효력정지 등을 포함하여 국회의 권한을 비상국무회의가 수행하며, 비상국무회의에서 헌법개정안을 마련하여 공고 후 1개월 이내에 국민투표에 부치도록 하였다. 1972년 11월 21일 국민투표에 의하여 확정된 헌법은 '유신헌법'으로 불리었는데, 그 내용은 대통령의 권한을 극대화하고 장기집권을 가능하게 한 철저한 독재헌법이었다. 즉, 대통령은 임기제한에 관한 아무런 규정이 없이, 6년의 임기로, 통일주체국민회의라는 협의체에 의하여 선출되도록 하여 종신집권이 가능하였으며, 국회는 단원제로 하되, 그 정수의 1/3은 대통령이 추천하여 통일주체국민회의에서 선출하게 하고, 위헌법률심사권은 헌법위원회에 부여하였다. 대법원장은 국회의 동의를 얻어 대통령이 임명하였지만, 대법원판사를 포함하여 대법원장 이외의 법관들은 아무런 제약없이 대법원장의 제청으로 대통령이 임명할 수 있게 하였다. 유신헌법의 권력구조는 형식상 권력분립원리를 채택한 것으로 보였으나, 실질상으로는 대통령에게 모든 권력이 집중된 '인격화된 대통령제'이었다.

제8차 헌법개정(5공헌법)은, 1979년 10월 26일에 박정희대통령이 중앙정보부장 김재규에 의하여 시해된 후, 12·12 쿠데타를 거쳐

1980년 '서울의 봄'과 5·18 광주민주화운동을 진압하고 집권한 전두환 등 신군부세력에 의하여 개정된 것이었다. 신군부세력은 국회를 해산하고 정당활동을 금지하였으며, 소위 '국가보위입법회의'를 통해 국정을 장악하고 일련의 개헌작업을 강행하였다. 5공헌법은 유신헌법에 대한 비판을 회피하기 위하여 형식상 기본적 인권을 강화하고 새로운 인권을 규정하였지만, 권력구조의 면에서는 유신헌법의 아류에 불과하였다. 대통령은 대통령선거인단에 의한 선거를 통해 선출되고 7년 단임으로 하고 국회의 권한을 일부 강화하였지만, 신군부집단의 통치방식은 박정희 정권의 그것과 거의 다르지 않았다.

제9차 헌법개정(국민개헌)은 1987년 6·10 민주화항쟁과 6·29 항복선언에 의하여 대통령직선제를 쟁취한 후 국민의 뜻에 따라 개정된 민주헌법이었다. 6·29 선언 후 여야 8인회담이라는 형식으로 국회에서 약 2개월 동안 헌법개정안을 확정하고 국회의 의결과 국민투표를 거쳐 10월 29일에 확정·공포하였다. 6·29 선언 후 4개월 만에 헌법이 바뀐 것이다. 5년 단임의 국민직선 대통령제를 핵심으로 하는 9차 개정헌법은 국회의 권한을 강화하고 사법부의 독립성을 실질적으로 보장하도록 하였으며, 특히 헌법재판소를 두어 국민의 기본권 보장과 기타 실질적인 헌법재판기능을 담당하도록 하였다.

우리나라 헌법의 제정 및 개정사를 개괄적으로 보면, 헌법의 제정부터 그 후의 일련의 개정과정 자체가 **민주주의와 법치주의**를 강화하는 과정이었다. 제정과정에서는 대통령 이승만에 의해 원래의 기초자의 의도가 왜곡되었으며, 그 후의 9차례의 개정과정에서도 국민의 뜻에 따라 개정된 예는 1960년 4·19 혁명헌법과 1987년 국민개헌의 두 차례에 불과하고 다른 나머지 개헌은 독재의 강화나 장기집권을 위하여 행해진 것이었지만, 그 과정은 곧 독재와 반법치주의를 극복하는 과정이었다. 이는 곧 과거 20세기의 두 가지 모순, 즉 식민지 경험과 분단현실이라는 모순을 극복하고 진정한 민주주의를 성취하는 과정으로 평가될 수 있다. 물론 아직 분단현실이 극복된 것은 아니지만, 대한인민 전체의 염원인 통일대한민국을 달성하기 위한 초석을 다지는 과정이었다. 이제 21세기적 질서를 새롭게 구축하기 위하여 일부 정치집단이나 이해관계인들에 의한 헌법개정이 아니라, 적극적으로 국민의 뜻에 따라 새로운 헌법을 개정하여야 한다.

4. 북한헌법 약사

통일대한민국의 또 다른 반쪽인 북한은 「조선민주주의인민공화국」이라는 이름으로 1948년 9월 9일에 헌법을 제정하고 사회주의정부 수립을 선언하였다. 최고주권기관으로 입법권을 갖는 최고인민회의를 두고, 그 휴회 중에는 최고인민회의 상임위원회를 최고주권기관으로 하였다. 최고집행기관으로는 내각을 두고 그 장으로 수상을 두어 내각회의를 소집하며 지도하도록 하였다. 내각 하에 대한민국헌법상 부(部)와 같은 성(省)을 두어 국가의 각 부문을 지도하도록 하였다.

1954년 개정헌법은 약간의 자치구역개편과 각 성을 일부 개편하였다. 1955년 및 1956년에도 약간의 개정이 있었다. 1962년에는 선거권자 연령을 18세로 하고, 각 성을 헌법에서 삭제하는 헌법개정이 있었다.

1972년 개정헌법은 남한정부의 유신헌법에 대응하여 사회주의국가로서의 성격을 더욱 강화하고 주체사상을 지도지침으로 함을 명시하였다. 또한 조선민주주의인민공화국의 수도를 평양으로 함을 명시하였다.

1992년 개정헌법은 1차 대폭 개정으로, 「제4장 국방」 규정을 추가하고 여러 장으로 나뉘어 있던 국가기구를 통합하여 「제6장 국가기구」로 규정하면서, 「제3절 조선민주주의인민공화국 국방위원회」를 신설하여 국방위원장이 모든 실권을 장악하도록 하였다.

1998년 개정헌법은 2차 대폭 개정으로, 김일성 사망 후 김정일 집권 하에 김일성의 주체사상을 헌법 서문에 장황하게 삽입한 개정이었다. 정무원을 폐지하고, 내각을 부활시켰으며, 국방위원회 위원장의 권한을 강화하고, 최고인민회의 상설회의를 상임위원회로 개칭하여 격상시켰다.

2009년 개정헌법은 3차 대폭 개정으로, 국방위원장을 '국가 최고영도자'로 명시하고 그 권한과 임기를 구체화하였으며, '선군사상'을 기존의 '주체사상'과 함께 지도적 지침으로 병기하였다. '사회주의'는 그대로 둔 채 '공산주의'라는 단어를 삭제하였다. 2011년 12월 김정일이 사망한 후, 그 아들인 김정은에게 권력이 승계되었다.

三. 헌법을 언제 바꿀까?

1. 2018년 혹은 2019년

2017년 10월 현재, 새로 선출된 문재인 대통령은 2018년 6월의 지방선거에서 헌법개정안을 동시에 국민투표에 부치겠다고 천명하였다. 약 8개월의 시간이 남아 있어서 헌법을 바꾸기에는 충분한 시간일 수도 있다. 1987년 당시에는 국민의 가장 큰 요구가 대통령 직선이었기 때문에 헌법에서 직선과 관련된 규정을 고치는 것이 가장 중요하였고, 따라서 상대적으로 빠르게 헌법개정안을 준비할 수 있었다. 하지만, 갑작스럽게 헌법개정안을 마련하다 보니 대통령직선제 이외의 다른 헌법사항들에 관해서는 거의 건드리지 못한 채 헌법을 바꾼 잘못이 있었다. 사실 9차례나 헌법이 바뀌면서 헌법 전반에 대한 깊이 있는 연구와 의견수렴을 거치지 않은 채 단기간에 졸속으로 헌법이 바뀐 경우가 대부분이었다.

다행스럽게도, 현재의 헌법은 30년간 시행되면서 권력구조의 문제뿐만 아니라 기본적 인권 영역 그리고 새롭게 발전한 헌법이론적 해석론에 이르기까지 풍부한 현실적 경험과 학문적 연구가 축적되어 있고 그에 따라 헌법을 바꾸기 위한 노력도 적지 않게 쌓여 있다. 따라서 그동안 연구되고 제시된 결과물들을 수용하여 국민의 뜻에 가장 적합한 헌법을 만드는 것이 그리 어렵지는 않다고 생각된다. 어쩌면, 국민들의 헌법개정의 요구와 의견보다는 정치권이 자신들의 이해관계에 따라 헌법을 고치려고 고집하는 것이 헌법을 바꾸는 데에 가장 걸

림돌이 될 수도 있다.

예정대로 2018년 6월에 국민투표가 실시되어 헌법이 바뀐다면, 1948년 7월 17일 제헌 이래 70년 만에, 그리고 대한민국 연호로서 **민국(民國) 100년**에 새로운 헌법이 등장하는 것이다. 1948년 8월 15일 대한민국정부를 수립한 헌법이 완전한 통일을 이루지 못한 채 분단상황 아래에서 만들어진 분단국헌법이었다면, 2018년에 개정될 헌법은 상징적으로는 분단을 극복하고 **통일대한민국**을 만드는 출발점이 되는 헌법이 될 것이다.

헌법개정작업이 여의치 못하여 2019년으로 넘어간다면, 헌법개정의 상징성이 더욱 커질 수 있다. 3 · 1혁명 100주년이자 대한민국임정수립 100주년(민국 101년)이기 때문에 현재의 분단상황을 극복하고 통일대한민국으로 되돌아간다는 의미를 가질 수 있기 때문이다. 이 과정에서 남북한이 통일대한민국을 공동목표로 하여 헌법을 개정하는 작업을 공유한다면 그 상징성은 더욱 커질 것이다.

2. 기존 대통령과 국회의원은 언제까지?

박근혜 대통령에 대한 탄핵 이후 대통령 보궐선거가 있기 전에 정치권에서 헌법을 바꾸려는 시도가 있었다. 이때 정치권의 일부 목소리는 보궐선거 후 당선된 대통령이 자신의 임기를 단축하려 하지 않기 때문에 헌법을 바꾸려 하지 않을 것이라는 우려를 표시하기도 하였다. 이 우려는 헌법을 바꾸게 되면 그 헌법에 따라 새롭게 대통령을 선출하여야 한다는 생각에서 나온 것이었다.

그러나 헌법을 바꾼다고 하여 현재의 대통령의 임기를 단축하여야 한다는 생각은 오해이다. 헌법을 바꾸더라도 대통령의 선출에 관해서는 현 대통령의 임기가 만료되는 때에 행해지는 것으로 정하면 현 대통령의 임기는 충분히 보장될 수 있다. 경과규정으로 정하면 된다는 말이다.

이 견해는 보궐선거가 행해진 현재의 시점에서도 마찬가지로 타당하다. 헌법이 바뀌어 대통령의 임기연장이나 중임변경이 있더라도, 현재의 대통령의 임기는 그대로 인정될 수 있다. 탄핵 또는 기타 사유로 대통령이 궐위된 경우에는 새 헌법에 따라 대통령을 선출하면 된다.

이 점은 국회의원의 임기의 경우에도 마찬가지이다. 현 국회의원의 임기가 만료되는 때에 새 헌법에 따라 국회의원을 선출하면 된다. 과거에는 헌법을 바꾸면서 국회의원도 새로 선출한 예가 많았지만, 이는 국회구성방법의 변화나(1960년, 1962년 헌법), 헌법파괴수준의 정치적 격변(1972년 헌법, 1980년 헌법), 민주주의 혁명(1987년 헌법) 등 급격한 정치변동에 따라 새로운 국회를 구성하고자 했던 때문이었다. 현재의 국회가 민주적으로 구성되었고 헌정의 연속성이 인정되므로, 굳이 국회의원을 새로 선출하지 않아도 무방하다.

四. 헌법을 어떻게 바꿀까?

1. 현행헌법의 방법

현행헌법에서는 대통령 또는 국회(재적의원 과반수)가 헌법개정을 제안하고 20일 이상 공고한 후, 공고기간을 포함한 60일 이내에 국회 재적의원 2/3 이상의 찬성으로 의결하면, 의결 후 30일 이내에 국민투표에 붙여 국회의원선거권자 과반수의 투표와 투표자 과반수의 찬성으로 헌법개정이 확정되고, 대통령이 즉시 공포하여 효력을 발생한다(현행헌법 제128~제130조). 효력발생시기는 명시적 규정이 없으나, 부칙에서 정한 경우 그에 따르고, 그렇지 않은 사항들은 즉시 효력을 발생하는 것으로 볼 수 있다.

시간적으로는 제안 후 당일에 바로 공고하고 국회의결(공고 후 21일째)과 국민투표(의결 다음날)를 시행하면, 최소한 22일이면 헌법을 개정할 수 있다. 그리고 최대한으로는 90일 이내에 헌법을 개정할 수 있다. 그러나 이는 수학적 계산법일 뿐이다.

실제로 헌법개정안이 만들어지기까지도 적지 않은 시간이 걸릴 수 있고, 만들어진 안을 누가 제안하느냐의 문제도 중요한 정치적 문제로 대두될 수 있다.

2017년 10월 현재 국회에서 개헌특위가 가동되고 있어서 국회안이 만들어질 수 있고, 정부도 독자적으로 헌법개정안을 만들 수 있다.

현재 우리나라의 개헌논의는 이른바 '87년 체제가 20년 정도 지속된 이후 동 체제의 역사적 및 정치적 경험에 기초하여 새로운 헌법이 필요하다는 현실적 요구가 나타나기 시작하였고, 헌법학적 측면과 정치학적 측면 모두에서 구체적으로 논의되기 시작하였다. 한국헌법학회와 한국공법학회에서는 2006년에 헌법개정시안들을 제시한 적이 있고, 정치학계에서도 특히 권력구조개헌에 관한 연구들이 축적되기 시작하였다. 또한 「함께 하는 시민행동」, 「대화문화아카데미」 등의 시민단체와 기타 시민운동의 측면에서도 헌법개정이 주요 쟁점으로 떠오르기 시작하였다. 2017년 10월 현재 제18대 국회의장 헌법연구자문위원회(위원장: 김종인)안(2009년), 우윤근 외 12인안(2013년), 제19대 국회의장 헌법개정자문위원회(위원장: 김철수)안(2014년), 대화문화아카데미안(2016년), 헌법개정국민주권회의안(2016년) 등, 국가영역과 민간영역에서 다양한 개정안들이 제시되어 있다.

각각의 개정안들이 통합된 하나의 안으로 되기 위해서는 정부 혹은 국회의 안으로 귀결되어야 한다. 아무리 좋은 개정안이라도 정부안이나 국회안으로 수렴되지 아니하면 무의미해진다.

2. 「헌법개정국민회의」로 가자

헌법을 제정하고 개정하는 원초적 힘은 제정 및 개정 당시의 정치적·경제적·사회적 힘의 총합이자 전체 인민(the whole people)의 의사이다. 헌법의 제정 및 개정은 사회적 근본규범을 정하는 정치적 결정으로서, 사회적 근본규범이 없다면 그 정치사회는 해체 혹은 무정부상태로 될 것이다. 원초적 힘의 변화는 헌법개정의 원인이자 핵심 동력이며, 시대정신(Zeitgeist) 혹은 국민정신(Volksgeist)으로 발현한다.

헌법개정의 방법은 여러 가지가 있을 수 있지만, 특히 **국민발안(popular initiative)**이 주목받고 있다. 우리나라도 제헌헌법 및 1952년(제1차개정) 헌법에는 규정이 없었으나, 1954년(제2차개정) 헌법에 처음 규정된 적이 있고(국회의원선거권자 50만인 이상 발의), 1969년(제6차개정) 헌법에서 삭제되었다.

최근의 다른 나라의 사례로는 아이슬랜드(2012년), 아일랜드(2014년 1차, 2017년 7월 현재 2차 진행중), 남아공(1996년) 등이 있다.

열 번째로 개정되는 새 헌법은 우리나라에 매우 특별한 의미를 가진다. 전 세계의 누구도 경험하지 못한 엄청난 촛불의 힘으로 민주주의의 대혁명을 이루어내었고, 이러한 촛불의 명령은 20세기적 질서를 넘어 21세기적 질서를 담아내고 어느 정파나 세력이 아니라 국민 전체의 뜻이 반영될 수 있는 헌법을 만들도록 요구하고 있다. 이를 위해서는 촛불혁명 이전의 질서에 의해 구축된 현재의 정치적 세력판도에 따라 헌법을 개정하는 것이 아니라, 「**헌법개정국민회의**(constitutional convention)」의 형태로 헌법개정의 논의가 이루어지고 그 합의의 결과로 헌법개정안이 마련되도록 하는 것이 바람직할 것이다.

2017년 10월 현재 국회는 헌법개정특별위원회를 구성하여 그 논의를 이어가고 있고, 정부는 2018년 6월 지방선거에서 헌법개정 국민투표를 시행하겠다는 계획 이외에 헌법개정에 관한 아무런 계획도 발표하고 있지 않다. 국회의 헌법개정특별위원회는 전체국민의 의사를 충실히 반영하기보다는 오히려 구시대의 정치세력의 이해관계를 고집할 우려가 적지 않다.

헌법개정과정을 누가 주도할 것인가의 문제는 기존의 정치권이나 제도권, 즉 헌법개정에 헌법규정상 관여하게 되어 있는 국회와 정부의 커다란 관심사이겠지만, 실질적으로 국민이 주도하여야 한다. 현대헌법의 핵심원리인 국민주권원리는 헌법을 만드는 과정에서도 국민이 스스로 주체적으로 헌법을 만드는 것을 의미하는 것이지, 헌법규범에 종속적인 결과물인 정치권이나 제도권이 헌법개정을 주도하는 것은 주객전도이자 논리모순이다. 다만, 국민 중심의 개헌과정을 조직하고 관리하는 수준에서 정부나 국회가 관여하는 것은 오히려 바람직하다고 할 것이다. 즉, 국회 혹은 정부가 중립적 입장에서 개헌을 위한 국민회의를 구성하고 그 논의의 결과를 개정안으로 만드는 것이 바람직하다고 생각된다. 물론 국민회의에는 국회, 정부, 사법부, 기타 주요 국가기관의 대표자가 포함될 수 있고, 전체 국민을 대표할 수 있는 학계, 시민단체, 경제단체, 예술단체 등 가능한 한 많은 대표들을 논의의 장에 참여할 수 있게 하여야 할 것이다. 촛불혁명으로 표현된 '촛불지성'은 충분히 바람직한 헌법을 만들어낼 것이다.

최근 정부는 원자력발전소 5·6호기의 건설에 관하여 공론화위원회를 통하여 국민의 의사를 수렴하고 그에 따라 그 건설 여부를 정하기로 하고 위원회를 출범시켜 가동하였고, 그 결정에 따라 원전을 계속 짓기로 하되, 원전 축소정책을 택하기로 하였다. 전문가나 정부기구 등의 일방적 결정이 아니라 국민의 의사를 직접 수렴하여 정책을 결정하였다는 점에서 헌법상 국민주권주의를 실현하는 훌륭한 정책결정과정으로 평가될 수 있다.

헌법개정이라는 중차대한 문제에 대해서도 공론화위원회와 유사한 절차를 거치도록 한다면, 그 **헌법개정의 정당성과 실효성**이 더욱 강화될 수 있을 것이다.

헌법에 담아야 할 내용

제 1 장

대한민국의 나라다움

一. 우리 역사와 법이 지배하는 나라
–입헌민주적 법치국가

우리나라의 역사는 보통 반만년이라고 일컫는다. 달력에는 단군이 우리나라를 건국한 지 4350년(단기)이 되었다고 표시되어 있고, 현행 헌법의 전문에도「유구한 역사와 전통에 빛나는」이라 하여 우리나라가 오랜 역사와 전통을 가진 나라임을 천명하고 있다.

단군이 건국한 나라는 국사에서 고조선이라 일컫고 있는데, 이 때 고조선은 어떻게 통치되고 지배되었을까? 국사학에서 연구된 바에 따르면, 고조선은 **선도(仙道)국가**이었다고 한다. 8조의 금법이 있었고, 최치원 선생의「난랑비문」에「국유현묘지도 왈풍류(國有玄妙之道 曰風流)」라 하고 유불선 3교를 포함하였다고 한 것이나, 근대역사가인 신채호선생의 낭가사상(郎家思想) 등으로 보아 고유의 풍류도에 바탕을 둔 선도국가였던 것으로 여겨진다.

삼국시대 이래 불교가 전파되고 차츰 불교가 나라의 기본적인 통치원리로 채택되었고, 고려 때까지 불교적 세계관과 사회관 그리고 인간관에 따라 나라가 통치되었다. 우리나라에 도입된 불교는 대승불교이었으므로, **대승적 불교국가**이었던 셈이다.

고려 말에 안향선생에 의해 도입된 성리학(주자학)에 심취한 신진 사대부들은 당시의 혼탁한 고려사회를 개혁하기 위하여 성리학적 사회관과 국가관 그리고 인간관을 그 근간으로 삼아 새롭게 조선을 건국하였다. 조선은 **성리학적 유교국가**로서 수준높은 규범국가를 지향하였고, 500여 년을 지속하였다.

우리나라가 선도국가, 불교국가, 유교국가로 변천하는 사이에 서양에서는 로마시대와 중세시대를 거치면서 17세기 중반에 근세와 근대시대로 접어들었다. 개인의 이성을 중시하는 개인주의적 인간관에 기초하여 「**법의 지배**(rule of law)」 혹은 「**법치국가**(Rechtsstaat)」를 나라의 중요한 통치원리로 발전시키기 시작하였고, 자본주의의 성장과 함께 19세기 말에 이르러 전 지구적으로 법치주의가 전파되기 시작하였다.

유교국가 조선도 서양의 개국요청을 거부하고 쇄국정책을 고집하다가 일본국에 의해 강제로 개국당하였다(1876년). 물밀듯이 밀려오는 서양의 문물과 제도는 청국과 일본국에 의해 소개되었고, 법치주의적 지배체제를 확립하기 위하여 재판소구성법과 법관양성소를 설치하고(1895년), 국가체제와 지배원리를 서양의 논리에 맞추어 전제군주국으로 변경하였다(1897년 대한제국 수립). 그러나 서양문물을 앞서 도입한 일본국의 침략정책에 따라 20세기 초에 국토를 강점당하는 참극이 일어났고, 일본국은 식민지지배의 수단으로 억압적인 법치주의적 지배양식을 강요하였다. 조선총독부는 「제령(制令)」이라는 규범형식으로 일본국의 법을 받아들여 법의 이름으로 식민지조선을 통치하였지만, 이는 효율적인 식민통치를 유일한 목적으로 한 것으로서, 철저히 수단으로서의 법에 불과하였다(rule by law).

대한제국은 1919년 3·1혁명으로 중국 상해에서 수립된 대한민국임시정부에 그 정통성을 넘겨주었고, 대한민국은 군주국에서 민주공화국으로 국가체제를 변경하면서, 비록 영토에 대하여 실질적으로 지배하지는 못하였으나, 침탈당한 국권회복을 위한 저항운동을 지속적으로 전개하였다.

1945년 8월 해방 이후 38선 이남에는 미군이 진주하여 군정을 실시하고, 38선 이북에는 소련이 점령하여 사회주의 국가를 수립하기 위한 정치조직을 결성하였다. 1948년에 38선 이남에는 자본주의적 법치담론에 따른 자유주의 국가가 수립되었고, 38선 이북에는 공산주의적 혁명담론에 따른 사회주의 국가가 수립되었다. 자신이 사는 나라를 어떤 나라로 만들 것인가에 관한 견해 차이로 말미암아 남과 북이 서로 다른 체제로 국토가 분단되었고, 이후 분단 자체가 남북 상호간에 격렬한 이데올로기 대립을 초래하는 원인으로 작용하게 되었다.

한편, 1948년 헌법에 따라 대한민국 임시정부를 계승하여 수립된 대한민국 정부는 일제강점기의 친일잔재세력을 완전히 청산하지 못한 채 이를 등에 업은 대통령 이승만의 장기집권과 독재화를 겪게 되었고 4·19 혁명을 통해 자유민주주의 국가를 회복하려 하였으나, 5·16 쿠데타에 의해 다시 좌절하고 말았다.

쿠데타로 집권한 박정희 군부세력은 일본국과 수교하면서 민간영역의 피해를 전혀 고려하지 않은 채 강점기의 대일배상청구권을 3

억 달러로 축소하여 수령하고 이와 함께 외국의 차관과 원조자금을 통하여 경제개발정책을 추진하였다. 1960년대의 세계적 호황기에 차관과 원조를 조달하여 정부 주도의 관치경제를 통해 불균형성장정책을 시행하였고, 급격한 산업화와 근대화를 이룰 수 있었다. 논자에 따라서는 박정희 정권이 오랜 가난과 고통으로부터 우리 국민을 건져낸 위대한 인물이라 말하지만, 그에게 그러한 평가를 한다면 그 평가만큼 혹은 그보다 더 큰 평가를 우리 국민들에게도 주어야 한다. 경사진 비탈길에 놓여 있는 수레를 평지로 끌어 올리는 것은 그 수레에 타고 수레를 밀도록 하는 자의 능력만이 아니다. 그리고 그 수단이 적합한 것이었는지에 대해서는 여러 관점에서 평가해야 할 문제이다.

사실 박정희정권의 경제발전정책은 적지 않은 문제를 안고 있었다. 정부 주도의 관치경제를 시행하는 과정에서는 정책수립과 집행의 합리성·합법성보다는 경제적·정책적 효율성이 더 강조되었고, 탈법과 특혜가 만연하였다. 비록 우리나라가 경제규모 확대와 기술적 발전 등으로 세계사에 유례없는 성공적 국가로 칭송받기는 하지만, 경제활동의 주체들이 탈법과 특혜를 당연시하고 부가 양극화되고 경제에 관하여 개인 중심의 이기적 사고가 만연한 것은 정부 주도의 관치경제의 결과물이었다.

뿐만 아니라, 법치주의는 개인의 인권을 보호·보장하기 위한 것이 아니라 장기집권을 위한 **독재권력의 수단**으로 이용되어, 헌법을 권력자의 뜻에 맞게 개악하고 숱한 악법들을 동원하여 민주화를 열망하는 목소리와 행동들을 억압하는 도구로 이용하였다. 헌법의 독재성은 유신헌법에서 최고조로 달하여 국가권력 전반에 대한 대통령의 지배력이 헌법에서도 그대로 인정되었다. 권력분립은 껍데기만 남아 있을 뿐 실질적으로 대통령에게 모든 권력이 집중되었고, 극단적으로 긴급조치라는 권한을 통해 헌법규정의 효력까지도 부인할 수 있게 되었다.

오랜 기간 억압적 통치에 고통을 겪었던 우리 국민들은 민주주의를 구현하기 위하여 격렬히 저항하였고 결국 18년이 넘는 기간 동안 독재자로 군림하였던 박정희권력을 전복시켰으나, 그가 남겨놓은 부정적 유산을 극복하지 못하고 또 다시 전두환으로 상징되는 신군부세력의 쿠데타를 맞게 되었다. 5·18 광주민주화항쟁에도 불구하고 정권을 탈취한 신군부세력은 유신헌법과 별반 다르지 않는 5공헌법을 통치규범으로 내세웠고, 사회와 국가는 또 다시 암울한 동토의 시대를 견뎌내야 했다.

경제성장의 혜택과 정치적 민주주의를 목말라 하던 우리 국민들은 1987년 6·10 민주화항쟁을 거쳐 비로소 국민의 뜻에 따른 헌법을 스스로 쟁취해 내었다. 4·19 혁명 이후 두 번째의 국민적 성취이었으나, 독재권력을 타파하고 민주적 정부를 구성하는 데에 급했던 나머지, 대통령직선제 이외의 다른 헌법사항들에 대한 면밀한 검토를 거치지 못한 채 현재의 헌법으로 바꾸었지만, 변화하는 국민들의 정치의식과 규범의식을 제대로 담지 못하게 되었다.

그나마 다행인 것은, 우연찮게도 현재의 헌법에 헌법재판소제도가 도입되었다는 점이다. 특히 학계 일부에서 논의되기만 하고 누구도 중요하게 생각하지 않았던 헌법소원제도가 도입됨으로써 개인의 삶의 영역에서 국가권력이 개인의 권리와 이익을 침해하는지 아닌지를 다툴 수 있게 되었다. 국가 영역에서도 국가기관의 권한행사가 헌법에 적합하게 행해졌는지의 여부를 감시하고 헌법위반행위에 대하여 이를 배척할 수 있는 제도적 장치가 헌법에 규정되어 실제적으로 그 효력을 발휘하게 되었다. 현재의 헌법이 시행되는 동안 국민의 인권의식이 높아졌을 뿐만 아니라, 대통령탄핵이 두 번이나 있었고, 정당해산이 한 번 있었던 것으로 비추어보면, 과거의 헌법에서 장식에 불과하였던 헌법상의 인권규정과 정치적 제도규정들이 현실적으로 효력을 갖게 되었음을 알 수 있다.

이처럼, 누구나 지켜야 할 법규범으로서 국민 모두의 생각 속에 헌법이 자리잡게 된 것은 우리나라가 **입헌민주적 법치국가**로 발전하고 있음을 적나라하게 보여주는 것이다. 과거 우리나라가 경험하였던 다양한 국가관과 사회관 그리고 인간관을 넘어서 현대사회에 가장 적합한 국가관과 사회관 그리고 인간관을 담은 헌법에 따라 국가가 구성되고 또 유지·존속되게 하는 것은 이제 너무도 당연한 것으로 받아들여지고 있다.

이제 그동안 9차에 걸쳐 바뀌는 동안 집권자에 의해 여러 차례 유린당했던 헌법을 올바르게 개정하고 그에 따라 인권을 보장할 뿐만 아니라 국가조직을 재구성하여 헌법에 적합하게 권한을 행사하도록 하여야 한다.

二. 대한민국, 언제부터 성립되었나

1. 20세기의 역사는 어떠했는가?

유교국가 조선이 개항한 이후 현재에까지 전개된 역사는 국사학자들에 의해 상당히 깊이 연구되어 있다. 1876년 병자수호조규(강화도조약)부터 1910년 합병조약에 이르기까지 일본제국의 강제적·무력적 강요로 인해 일련의 조약이 체결되었고, 이러한 조약들은 당시의 국제법에 의해서도 그 효력을 인정할 수 없다고 하는 것이 일반적 견해이다. 국가 간에 체결된 조약이 무효라면, 그 조약으로 인해 행해진 일본제국의 행위는 법적으로 정당한 행위가 될 수 없고 사실상의 실력적 행위일 뿐이다. 특히 1897년 조선이 대한제국으로 국호를 변경한 후 1910년에 강점되기까지의 일련의 과정에서 행해진 일본제국의 행위들은 모두 불법적인 강제적·사실적 행위이고 따라서 법적으로 정당한 행위라고 할 수 없다. 그렇다면 1910년의 합병조약이 있었다고 하더라도 이는 사실상의 강점을 의미할 뿐, 대한제국이 소멸한 것은 아니다. 강도가 들어와 주인을 쫓아내고 마음대로 집을 휘저어 놓은 것일 뿐이다. 집주인이 쫓겨났다고 하여 그 집의 주인이 아닌 것은 아니다.

대한제국은 비록 국토를 참절당하고 대내외의 통치권을 제약받기는 하였으나, 대한인민들은 1919년 3·1혁명이라는 거족적 독립운동을 통하여 기존의 대한제국을 바꾸어 대한민국으로 변경하였다. **대한제국의 국가적 정통성이 대한민국으로 이전**된 것이다. 상해에 자리잡은 대한민국임시정부는 각 독립운동세력의 노선투쟁과 일제의 탄압으로 내부분열과 조직와해의 위기를 겪기도 했지만, 해방이 되기까지 독립을 위한 치열한 대일항전을 벌였다.

세계 2차대전이라는 인류사의 비극에 동참하였던 일본국은 히로시마와 나가사키의 원폭공격을 받은 후 무조건 항복을 하게 되었고, 이에 대한민국은 식민상태로부터 해방되기에 이르렀다. 그러나 38선을 경계로 하여 남쪽 지역에 진주한 미군은 대한민국임시정부를 인정하지 아니하고, 38선 이남의 점령지역이 '국민이 없는 땅'이며 '정부가 없는 진공상태'이자 경제적·법적 진공상태라고 하여 군정을 수립하여 점령지역을 통치하였다. 말하자면 미군정기는 국제법적으로 전승국인 미국이 적군이었던 일본국의 영토를 점령하고 있는 것에 불과한 것으로 인식되었고, 따라서 미군정청은 자신들의 정책적 의도에 맞게 군정을 실시하고자 하였던 것이다. 이러한 의도는 대한민국임시정부나 혹은 국내의 독자적인 정치세력의 존재를 당연히 부인할 수밖에 없었을 뿐만 아니라, 군정실시의 목적에 맞게 강점기의 행정관료와 경찰조직 등의 억압적 통치기구들을 그대로 온존시키는 계기가 되었다.

해방 후, 일제강점기에 대한 청산작업과 통일대한민국을 건설하려는 일련의 움직임이 있었지만, 자본주의와 공산주의의 대립, 그리고 자유민주주의와 인민민주주의의 대립이라는 새로운 냉전구도를 맞으면서, 대한인민들의 주체적 독립국가건설이 무산되었고, 종국에는 전후의 냉전구도에 편입되면서 국토가 분단되는 참담한 결과를 낳았다. 38선을 경계로 하여 남과 북은 각자 별개의 국가를 선언하였고,

이후 20세기 후반기 동안 국외의 냉전구도 속에서 체제대결에 몰두하게 되었다. 각각 별개의 나라로 성립하였음을 헌법에 명시하였던 동서독과는 달리, 남한헌법은 「한반도와 부속도서」를 영토로 규정하고, 북한헌법은 「조선민주주의인민공화국의 수부는 서울이다」라고 하여, 남북한은 서로의 헌법 속에 분단의 다른 지역을 자신들의 영토라고 인식하였고, 그에 따라 남북한은 한반도라는 하나의 공간 위에 **두 개의 규범적 질서**가 중첩적으로 공존하게 되었다.

1980년대 후반에 이르러 소련과 동구권이 무너지면서 세계사는 또 한 번 거센 변화의 물결에 직면하게 되었다. 사회주의 국가들이 붕괴되면서 동서독이 통일되고 중국이 적극적으로 개혁개방에 뛰어들면서 남북한 간에도 해빙의 조짐이 보이기 시작하였고, 1991년에는 남북한이 동시에 UN에 가입하였다. 대내적으로는 서로 자신이 정통성을 가진 국가라고 하면서도 대외적으로는 두 개의 나라로 인정되게 된 것이다.

2. 대한민국의 헌정은 어떻게 이어지는가

앞서 본 것처럼, 대내적으로는 하나의 영토 위에 두 개의 법질서가 서로 정통성을 주장하고 대외적으로는 두 개의 국가로 받아들여지고 있는 이러한 상황은 법적으로는 어떻게 이해되어야 하는가?

첫째, 남북한은 공히 과거 대한민국임시정부가 인식하고 있던 영토 위에 국가를 수립하고 있다. 대한민국임시정부는 헌법상 영토규정에서 한반도로 명시하지 않고 「구한국의 판도로 함」이라고 하고 있었다. 현재에는 남북한 각각의 국가가 과거 대한제국 혹은 대한민국임시정부를 계승한 정당한 국가라고 하면서 상대방을 배제하고 있다. 이것은 헌정의 연속성은 인정하면서도 자신만이 정통성 있는 국가라고 하는 것이기 때문에 남북한 각각이 과거의 국가로부터 연속성을 가진 단일국가라고 주장하는 입장이다.

둘째, 현실의 분단상황을 받아들여서 과거 하나의 대한민국임시정부를 현재 두 개의 정부가 계승하고 있다고 생각할 수 있다. 원래 하나의 국가였기 때문에 비록 현실적으로는 두 개의 정부로 나뉘어 있지만 언젠가는 다시 통일되어야 한다는 헌법적 과제를 서로 안고 있다고 볼 수 있다. 과거 동서독이 1민족 2국가라고 하였던 서독 헌법재판소의 견해와는 달리, 1국가 2정부의 관점이다. 즉, 과거 대한민국임시정부를 상위의 하나의 국가로 보고, 그 아래에 남북의 두 정부가 있다는 관점이다.

셋째, 1948년 남북한 각각의 국가가 수립될 때, 서로 별개의 국가로 성립하였기 때문에 남북한은 과거의 어느 국가와도 연결되어 있지 아니하고 1948년부터 각각 출발하였다고 이해하는 방법이다.

첫째의 주장은 분단된 상황 하에서 서로 상대방을 배제하면서 부정하는 입장으로서, 현실적으로뿐만 아니라 규범적으로도 서로 양립할 수 없는 극단의 대립을 초래할 수밖에 없다. 이러한 상호모순적 규범상황은 현실적으로 많은 규범적 모순을 낳고 있다. 즉, 탈북민이 제3국에 체류할 때, 대한민국의 입장에서는 탈북민도 대한민국 국민이기 때문에 자국민 보호원칙에 따라 제3국에 자국민의 인도를 요청해야 하지만, 제3국의 입장에서는 북한 즉 조선민주주의인민공화국도 국제법상 국가이므로 북한이 탈북자를 자국민이라 하여 인도요청하는 경우에 이를 거부할 수 없게 된다. 대한민국의 입장에서는 국내규범적으로는 탈북민이 대한민국국민이 맞지만, 국제적으로는 아니라는 규범적 모순이 생기는 것이다. 이 점은 북한의 입장에서도 마찬가지이다.

또한 이 입장에 따를 때에는, 남북한 각자가 행한 국제적 행위 예컨대, 조약과 같은 국가간 행위에 대한 평가도 문제된다. 예컨대, 북한이 중국과 1964년에 체결한 국경조약인 조·중변계조약은 대한민국의 입장에서 보면 반국가단체인 북한이 다른 나라와 체결한 불법적인 조약이므로 효력을 인정할 수 없게 된다.

그 외에도, 남북한의 어느 쪽의 국적도 택하지 않은 일본체류 조선적(朝鮮籍) 동포들의 법적 지위도 문제된다. 이들은 대한민국의 입장에서 보면, 반국가단체 소속구성원은 아니지만, 그렇다고 대한민국 국민도 아니고 일본국국적을 갖는 것도 아니므로, 국적법상 무국적자로 취급할 수밖에 없고 따라서 국내입국을 허용하기 어렵게 된다.

둘째의 주장은 1919년 성립한 대한민국을 상위의 국가로 보고 그 아래에 남북한이 존재한다고 보기 때문에 남북한 공히 상위의 대한민국의 구성정부로 이해한다. 따라서 1국가 2정부체제로서 각 정부가 한 대외적 행위는 상위의 하나의 대한민국이 행한 것으로 이해하여 그 효력을 인정할 수 있다. 또한 일본국의 조선적 동포들을 포함하여 해방 전에 국외로 이주한 동포들의 법적 지위도 포괄적으로 상위 대한민국의 국적자로 이해할 가능성을 열어놓게 된다. 물론, 국외이주동포들의 법적 지위를 어떻게 인정할 것인가는 재외동포들의 국적국가의 정책과도 관련되지만, 그들에게 대한민국의 국적을 부여할 지 말지는 남북한 각 정부의 입법정책에 달려 있다. 남북한 서로가 하나의 통일국가를 지향하는 관계이고 통일대한민국의 재외동포정책을 우선적으로 수용한다면, 현재의 재외동포들의 국적문제를 해결할 수 있는 방안이 마련될 수 있다.

셋째의 주장은 남북한을 서로 별개의 나라로 보는 입장이면서도, 첫째의 주장과는 다르게 1948년 이전의 국가들과는 무관하다고 보는 불연속의 단일국가론이다. 특히 남한의 대한민국에서 1948년 8월 15일에 대한민국이 건국되었다고 주장하는 소위 '건국절론자'들의 입장이다. 건국절을 주장하는 사람들은 남한 대한민국이 1948년에 건국하면서 유엔으로부터 '한반도 내의 유일한 합법정부'로 인정받았다고 하고, 따라서 북한의 조선민주주의인민공화국은 '유일한 합법정부'에 반하는 반국가단체라고 본다.

그러나 1948년 12월 12일에 있었던 유엔의 결의안을 자세히 살펴보면, 「한반도 내에서 유엔의 감시가능했던 지역 내에서 행해진 선거에 따라 수립된 유일한 합법정부」라는 의미이지 「한반도 전체의 유일한 합법정부」라는 표현은 없다. 즉, 유엔의 감시위원단이 감시할 수 있었던 지역은 38선 이남지역이었으므로, 38선 이남 지역에 대해서만 선거감시가 가능했고, 따라서 1948년 8월 15일에 수립된 대한민국정부는 38선 이남지역에 한정된다고 인식하고 있었던 것이다. 이는 1950년 6·25전쟁이 발발하였을 때 유엔 안보리의 결의문에서 북한군을 38선 이북으로 퇴각하라고 요구한 데에서도 나타난다. 1948년 정부수립 이후 남북한 체제경쟁의 과정에서 유엔의 결의안에 대한 해석을 놓고 국내에서 정치적 입장에 따라 자신에게 유리하게 유엔의 인식과는 다른 편의적 해석을 고집한 탓이다.

백보 양보하여 대한민국이 1948년에 건국되었다고 하면, 규범적으로 많은 문제를 초래하게 된다. 먼저, 현재의 대한민국의 헌법적 근원이 어디인가에 관련하여, 건국절론자들은 미군정에 그 근거를 둘 수밖에 없다. 1948년 이전에 우리나라에서는 적국인 일본국의 식민지를 점령한 미군정이 사실적 권력으로 존재하였고, 대한민국임시정부는 미군정이 주권적 권력으로 인정하지 않았다. 그렇다면 적국이었던 일본국이 38선 이남에서 행한 모든 불법적 행위들은 1948년에 수립한 대한민국에서 아무런 규범적 의미가 없다. 그저 사실상 지배당했던 것일 뿐이다. 뿐만 아니라 친일반민족행위자들의 행위도 규범적으로 비난할 수 없다. 그저 딴 나라 사람이 자신의 나라를 팔았고 식민권력에 부역하여 부귀영화를 누렸을 뿐이다. 대한민국은 1948년에 38선 이남에 건국된 신생국가일 뿐 과거의 역사와는 규범적으로 완전히 단절된 나라일 뿐이다. 통일도 주장할 수 없고 북한에 대하여 단일국가로서의 정통성을 주장할 수도 없다.

역사적 사실이 법규범적으로 어떠한 의미를 가지는가의 문제는 사람마다 다르게 판단할 수는 있다. 모든 사람에게 똑같이 생각하도록 강요하는 것은 그 자체 민주주의에 반하기 때문에 허용되어서는 안되지만, 적어도 한 국가의 정체성(identity)의 문제에 관해서는 합의된 결과를 가져야만 하나의 국가로 성립될 수 있다. 만약 국가의 정체성의 문제에 관하여 서로 다른 견해를 가진다면, 이들은 헌법의 핵심적 사항에 관하여 다르게 생각하는 것이고 따라서 하나의 국가를 형성하기가 어렵기 때문이다.

3. 결 론

2017년 10월 현재의 시점에서 우리는 우리가 사는 나라를 어떻게 이해해야 하는가? 20세기 100여 년 동안, 국토를 강점당하고 외세에 의해 분단되는 참담한 경험을 겪었으나, 우리나라는 대한제국으로부터 대한민국임시정부로 그리고 현재의 2정부 상황에까지 면면히 이어져 왔다. 비록 남북한이 서로 적대적으로 대립하고 있으나 이는 미래 어느 날의 통일대한민국 입장에서 보면 하나의 과도기로 이해될 것이다. 평화적으로 통일국가를 실현하기 위해서는 현재의 분단상황을 좀 더 적극적으로 포섭하는 해석론을 택할 필요가 있다. 그렇다면 과거 대한민국임시정부를 상위의 대한민국(대한국)으로 보고 현재의 두 정부(소한국)가 그 아래에 존재한다고 하는 **'1국가 2정부'체제**로 봄이 적절할 것이다. 이러한 입장은 헌법재판소의 결정과 현행법률에서도 반영되고 있다. 헌법재판소는 「남북교류협력에 관한 법률」의 위헌여부에 관한 판단에서 북한이 조국의 평화적 통일을 위한 대화와 협력의 동반자임과 동시에 반국가단체라는 성격도 함께 갖고 있다고 하여, 남북한정부가 통일대한민국을 위한 협력적 관계임을 일부 인정하고 있다. 또한 2005년에 제정된 「남북관계 발전에 관한 법률」은 남한과 북한의 관계는 국가간의 관계가 아닌 통일을 지향하는 과정에서 잠정적으로 형성되는 특수관계이며, 남한과 북한간의 거래는 국가간의 거래가 아닌 민족내부의 거래로 본다고 하고 있다(제3조). 헌법재판소의 결정과 법률을 대립적 관점이 아니라 협력적 관점에 비추어

좀 더 적극적으로 이해하면, 남북한정부를 '1국가 2정부'로 해석할 여지가 충분하다고 생각된다.

三. 사람을 존귀하게 여기는 나라 - 국민을 위하는 나라

1. 인류보편의 가치로서의 인간존엄

오늘날의 세계는 지구촌이라 일컬을 만큼 공간적으로, 시간적으로 가까워지고 있다. 지난 20세기에 겪었던 두 번의 세계대전은 인류 전체에게 엄청난 고통과 참혹함을 던져 주었고, 그에 대한 반성으로 세계 각국은 인간의 존엄성에 대한 뼈저린 자각과 함께 헌법규범 중에서 국가가 구현해야 할 가장 중요한 목표로 규정하게 하였다.

인간의 존엄성은 인류 역사의 오래 전부터 종교적으로 또 철학적으로 인식되어 왔다. 동양에서도 불교와 유교 및 도교 등에서 인간의 존엄에 관한 기본적인 인식이 전제되어 있었고, 서구의 기독교 사상, 이슬람 사상에서도 인간의 존엄은 강조되었다. 뿐만 아니라 아프리카의 우분투(Ubuntu) 사상, 아메리카 인디언의 인간존중 및 평화사상 등은 범인류적으로 인간의 존엄에 관하여 인식하였음을 보여주는 것들이었다. 직접적이지는 않지만, 인간의 사회적 공존과 자신 및 타인에 관한 존중의 정신을 담은 북유럽국가의 '얀테의 법칙'도 인간존엄의 한 모습이었다. 하지만, 각각의 사상이나 정신에서 말하는 '인간'이 계층적으로 혹은 인종적으로 반드시 같은 것은 아니었다.

각 지역이나 개별 사상에서 나타난 인간존엄에 대한 인식이 점차

공통적으로 인류보편의 가치로 받아들여지기 시작한 것은 근대의 질곡과 모순이 자각되기 시작한 20세기부터이었다. 특히 인간의 존엄이 헌법규범과 국제규범에 편입되기 시작한 것은 20세기 초 1차 세계대전 무렵이었다. 그리고 2차 대전이 끝난 후 인간존엄의 사상은 인류보편의 가치로 인정되어 1948년 12월에 있었던 UN의 세계인권선언에서 핵심가치로 선언되기에 이르렀다.

2. 우리나라의 전통사상과 인간존엄

앞에서 언급한 것과 같이, 우리나라는 풍류적 선도국가이었던 고조선 시대에 통치의 기본이념은 '홍익인간 재세이화(弘益人間 在世理化)'이었다. 「널리 인간을 이롭게 한다」 그리고 「세상에 머물러 이치로써 교화한다」는 의미를 가진 이 말은 그 자체 인간에 대한 존중과 자연과의 조화를 간명하게 표현하고 있다.

불교의 경우에는 '천상천하 유아독존(天上天下 唯我獨尊)'이라는 표현에서 한 개인의 우주적 존엄을 강조하고, 또 동업중생(同業衆生), 인드라망과 같이 사람과 사람 사이 그리고 사람과 우주 사이의 상호 관련성과 상호 의존성을 강조하여, 한 개인의 존엄과 함께, 타인에 대한 존중은 곧 나 스스로에 대한 존중을 의미함을 중시하고 있다.

유교의 경우에도 공자의 인(仁) 사상에 기초하여 천지만물 중에 사람이 가장 존귀하며 그러한 사람이 지켜야 할 덕목으로 오륜을 강조함을 볼 수 있다.

또한 전통적인 민족종교로서 고조선의 정신을 이어받았다고 하는 대종교의 한사상, 동학의 인내천사상이나 증산의 해원사상 등에 인간존중의 정신이 내재되어 있다.

3. 범인류적 공동사회의 건설을 위하여

현행 헌법의 전문에는 「항구적인 세계평화와 인류공영에 이바지함으로써 우리들과 우리들의 자손의 안전과 자유와 행복을 영원히 확보」하겠다는 우리 국민의 의지를 표명하고 있다. 이는 우리의 안전과 자유와 행복이 곧 세계인민들의 안전과 자유와 행복과 연결되어 있음을 의미하는 것이며, 대한인민과 세계인들이 공존공영하여야 할 뿐만 아니라 더 나아가 세계인들의 불안전과 속박 그리고 불행이 곧 대한인민들의 불안전과 속박 그리고 불행임을 자각하는 것이다. 이러한 인식은 내가 속한 공동체가 단순히 대한민국이라는 여러 국가 중의 하나라는 데에 그치지 아니하고 전 세계의 모든 인류들이 하나의 공동체를 이루어 살아감을 인식하는 것이다.

대한인민뿐만 아니라 전 세계의 모든 사람들이 안전과 자유와 행복을 구가하는 것은 범인류적인 공동사회의 핵심목표이다. 우리 선조들은 이러한 사회를 대동(大同)사회라 칭하였다. 오늘날 세계 각지에서 벌어지고 있는 대립과 갈등 그리고 처참한 전쟁의 소용돌이는 진정한 대동사회의 건설에 치명적인 장애로 작용하고 있다. 자국 중심주의적인 패권국가들은 자신들의 이익을 위해 다른 나라들의 인민들을 주저없이 희생시키고 있다. 뿐만 아니라 개별국가 내에서도 소수의 특정집단의 정치적 생존을 위해 다수를 희생시키거나 특정인종을 청소하는 극단적인 반인륜적 참상이 벌어지고 있다.

이러한 많은 문제들을 해결하기 위한 기본적 출발점은 곧 인간에 대한 존중과 관용 그리고 상호 의존성 및 상호 관련성을 인정하는 것이다. 다른 사람이 받는 고통은 곧 나 자신의 고통의 다른 면이며, 상대방의 행복은 곧 나의 행복의 출발점이다. **너를 배제하고 오직 나만**(Without You, Only I)이 아니라, **너 없이는 나도 없다**(Without You, Without Me)라는 상호 공존적 조화와 승인이 범인류적 공동사회를 건설하는 지름길이다.

인간의 존엄성은 범인류적 공동사회를 건설하는 핵심가치이다.

四. 민주주의가 꽃피는 나라

1. 우리 역사와 민주주의

우리나라 고대 역사에서 신라시대의 화백제도나 성리학적 유교국가 조선의 민본사상 등에서 민주주의의 기원을 찾는 견해도 있으나, 오늘날의 서구적인 의미에서의 민주주의와는 그 실현방식이나 사상적 구조가 같지 않았다. 서구적인 민주주의가 우리나라에서 자각되기 시작한 것은 1876년 개항 이후 20년의 시간이 지난 1896년 독립협회의 창설로부터이었다. 독립협회는 정치·경제·사회의 제 분야에 대한 토론회를 개최하고, 독립신문을 발간하며, 만민공동회를 개최하는 등, 민중의 계몽과 자주독립, 인권존중, 주권재민, 민주주의사상 등을 고취시켰다. 그러나 1897년 조선에서 국호를 변경한 대한제국은 보부상들을 결집한 황국협회를 통해 독립협회를 탄압하였고, 결국 해산시켰다.

독립협회가 해산된 뒤에도 그 민권사상은 언론, 집회, 결사, 교육, 종교 등 제반 영역으로 이어졌으며, 일제강점기에는 항일민족운동으로 변화되어 3·1혁명과 대한민국임시정부의 수립 및 강력한 항일독립운동을 전개하는 원동력이 되었다.

1945년 일제강점 상태로부터 해방된 후, 우리나라는 대한민국 정부수립 이후 이승만(제1공화국), 박정희(제3-4공화국), 전두환(제5공화국) 등 반민주적 독재정권에 저항하는 민주화운동이 활발하게 진행되어 왔다. 반민주적 권위주의 독재정부를 극복하기 위한 대표적인 민주화운동으로 1960년 4·19 혁명, 1969년 3선개헌 반대투쟁, 1970년대 10월유신 반대투쟁, 1979년 부마민중항쟁, 1980년 5·18 광주 민주화운동, 1984년 이후의 반전두환정권 투쟁 등이 있었다. 1987년 6월 민주화항쟁은 1970년대와 1980년대의 민주화운동의 결과물로서 대통령직선제를 성취하여 현행 헌법을 만들어낸 혁명이었다.

1987년의 헌법개정 이후 현행헌법과 그에 따른 헌정질서는 30년 넘게 지속되고 있다. 이전의 헌법들이 4·19혁명헌법을 빼고는 모두 집권자와 그 추종집단들이 장기집권을 위한 책략으로 헌법을 개정한 것이었다면, 1987년 헌법은 「국민에 의한 헌법」이었기 때문에 국민의 힘을 바탕으로 그 효력이 지속될 수 있었고, 무엇보다도 국가권력이 헌법의 테두리 내에서 형성되고 유지되도록 하는 실효적인 헌법이었다. 다시 말하여 1987년 이후 30년간 진행된 헌정은 철저히 헌법규범에 따른 질서이었다. 노태우정부의 남북한 동시 UN 가입, 대외개방정책, 김영삼정부의 세계화·과거청산 및 금융실명제 등 개혁정책, 김대중정부의 햇볕정책, 노무현정부의 대북·개혁정책, 이명박·박근혜정부의 제반정책 등에서 그 헌법적합성이 끊임없이 제기되고 논쟁이 전개되었다. 바야흐로 사실적 힘이나 강제적 억압을 통한 일방적 정책결정이나 집행이 아니라 법치 내지 헌법적 담론이 우리 사회의 정책결정과 집행의 기본원칙으로 자리잡게 된 것이다. 이는 우리나라의 민주주의가 성숙되지 않았다면 전혀 성취될 수 없었던 업적이다.

2. 민주주의를 성취하려면 – 적극적 참여와 제도적 구현

민주주의를 성숙하게 하기 위해서는, 먼저 국민의 **적극적 참여**가 중요하다. 국가영역이 아니라 시민사회영역에서 국가영역의 정책결정과정에 참여하고 국민의 의사를 반영할 수 있는 능동적 시민이 민주주의의 주체이다. 능동적 시민은 자신의 주변 영역에서부터 국가전체의 영역에 이르기까지, 뿐만 아니라 지구적 차원의 문제에 이르기까지 관심과 이해를 가지고 접근하는 시민이다. 좁게는 민주주의의 학교인 지방자치제의 활성화를 통하여 자신의 주변의 문제에 대한 관심과 행동으로 바람직한 정책결정과 감시활동을 전개하고, 넓게는 국가영역의 문제를 고민하고 결정과정에 참여하는 주권적 행위자이어야 하며, 더 넓게는 나른 나라 사람들과의 연대를 통하여 국제적 내지 전 지구적인 문제에까지 인식과 관심을 확대하고 행동하도록 하여야 한다.

이와 같은 능동적 시민의 참여는 시민사회 자체의 역량만으로는 달성되기가 쉽지 않다. 국가영역에서 다양한 시민사회의 의사를 수렴하고 정책결정 및 집행에 반영하는 **제도구조**를 구축하는 것이 또한 중요하다. 지방정부의 영역에서는 물론, 국가의 입법·행정·사법 각 영역들이 시민사회의 의사를 사전적으로 수렴하는 장치를 제도화하고 더 나아가 필요하다면 그때그때 시민사회 영역의 인사들을 결정과정에 주체적으로 참여할 수 있도록 유도하고 지원할 필요가 있다.

五. 자유롭고 민주적인 나라

1. 자유민주주의 제자리 놓기

자유가 무엇인가에 관해서는 철학이나 종교 혹은 사회과학의 다양한 관점에서 논의할 수 있다. 역사적으로 보면, 국가공동체에서 개인의 자유는 개인의 생활상의 선택에 있어서 국가권력으로부터 간섭을 받지 아니한다는 최소한의 의미에서부터, 자유를 향유할 수 있는 조건을 충족시켜줄 것을 요구하는 적극적 의미의 자유에 이르기까지 그 의미가 확대되어 왔다.

우리나라의 경우, 서구적 의미의 자유의 관념이 인식되기 시작한 것은 조선 말엽에 이르러서이다. 1896년 창간된 독립신문은 서구의 근대이념으로서 개인의 생명권·재산권·자유권을 중시하는 자유주의를 강조하였다. 그러나 이 시기의 자유주의는, 조선사회를 개혁하고자 했던 동학농민운동을 거부한 점이나, 전체 민중에 의한 국가의 형성보다는 외세에 의존한 국가개혁을 추구하였던 점 등에서 보듯이, 자유의 주체인 개인을 중시하기보다는 근대사상에 눈뜬 소수의 엘리트층만이 자유를 인식하고 있었으며, 평등한 개인을 전제로 하는 서구적 의미의 자유주의라고 보기는 어려웠다.

일제강점기를 거치면서 조선인민의 개인의 자유는 철저히 억압되고 부정되었다. 식민지통치의 효율을 위해 검경기구를 통해 잔인하고 폭압적인 수단으로 조선인민을 억압하였으며, 그 결과 서구적 의미의 자유는 전혀 찾아보기 힘들었다. 더욱이 해방 이후 이데올로기 대립으로 인하여 식민지 잔재를 제대로 청산하지 못한 남한에서는 과거 친일세력들이 친미세력으로 둔갑하면서 정치적으로나 경제적으로도 자유주의가 제대로 구현되지 못하였다.

정치적 측면에서는, 1948년 정부수립 후 이승만 정권·박정희 정권·전두환 정권 등은 자유민주주의를 표방하면서도 정치적으로 개인의 자유를 억압하는 모순적 행태를 보였다. 경제적 측면에서도 국가주도의 자본주의를 추구하면서 자유주의적 경제질서는 오히려 부정되었다. 소위 보수를 자처하는 사람들이 가장 큰 목소리로 주장하는 것이 자유민주주의이면서도 현실은 오히려 개인의 자유가 억압되는 왜곡된 모습을 보여주었다. 이는 국민을 주권적 주체로 보지 아니하고 단지 통치의 대상으로만 인식하여 국가권력의 요구에 철저히 예속시켰기 때문이었다.

1987년 6·10 항쟁 이후 헌법에 명목상으로만 규정되어 있었던 개인의 자유가 실질적으로 보장되기 시작하였다. 특히 헌법재판소에 의한 위헌법률심사와 헌법소원제도는 헌법의 이념과 정신에 위반되는 법률과 국가행위들을 적극적으로 무효로 선언함으로써 헌법이 지향하는 **자유민주적 기본질서**를 실질적으로 보장하게 되었다.

2. 헌법의 자유민주주의의 내용

현행헌법에는 헌법전문과 제1조 제1항(대한민국은 민주공화국), 제4조(자유민주적 기본질서에 입각한 평화적 통일정책), 제8조(정당의 목적·조직과 활동이 민주적이어야 함. 위반시 정당해산) 등을 규정하고 있다. 헌법재판소는 자유민주적 기본질서의 내용으로, 기본적 인권의 존중, 권력분립, 의회제도, 복수정당제도, 선거제도, 사유재산과 시장경제를 골간으로 한 경제질서 및 사법권의 독립 등을 들고 있다. 독일 연방헌법재판소는 사유재산과 시장경제를 골간으로 하는 경제질서를 언급하고 있지 않는 반면, 국민주권과 정부의 책임성, 행정의 합법성 등을 들고 있다.

헌법규정과 헌법재판소의 자유민주적 기본질서에 관한 해석은 기본적으로 우리나라의 기본질서가, 전체주의나 사회주의적 인민민주주의가 아닌, 자유주의에 기반한 민주주의임을 나타내고 있다. 그리고 자유주의에 기반한 민주주의는, 단순히 개인주의적 자유주의와 자유방임적 경제질서를 표방하는 근대적인 자유주의만을 의미하는 것이 아니라, 사회민주주의의 요소로서 사회복지국가원리를 포함하는 현대적 의미의 자유주의를 의미한다. 그러한 의미에서 현행헌법에서 말하는 자유민주적 기본질서는 민주적 기본질서와 같은 것으로 보아도 무방하다.

우리 사회 일각에서는 헌법의 자유민주주의를 자유방임적 경제질서를 강조하는 근대적인 의미로만 이해하여 특히 경제질서의 내용으로서 경제민주화를 위한 국가의 규제와 조정규정(제119조 제2항)을 삭제하여야 한다는 견해가 있으나, 이는 오늘날의 자유민주주의의 내용을 올바로 이해하지 못한 것이다.

3. 개헌의 방향

현행헌법상 자유민주주의에 관한 규정은 새로이 개정할 필요가 없다. 다만, 그 용어에서 「자유민주적 기본질서」라는 표현보다는 「자유로운 민주적 기본질서」라는 표현으로 변경할 필요가 있다. 「자유민주적」이라는 용어가 민주적 기본질서를 근대적 자유주의에 한정하는 것으로 오해하게 하거나 과거 독재권력의 국민기만적 선전구호의 이미지를 떨치지 못하고 있으므로, 오히려 **자유로운 민주적 기본질서**라고 함으로써 우리나라의 민주적 기본질서를 새롭게 재인식하도록 함이 적절하다.

六. 더불어 잘 사는 나라

민주주의의 핵심가치는 자유와 평등이다. 근대혁명의 상징으로서 근대정신을 완성한 프랑스혁명(1789)의 인권선언은 「자유, 평등, 박애」를 그 기본정신으로 삼고, 이를 프랑스 헌법전에 국가의 기본이념으로 명기하였다. 여기서 말하는 「평등」은 철학적으로 이해하여 이성을 가진 개인의 평등으로서 공동체 구성원들에게 당연히 전제되는 것이었기 때문에, 형식적 평등을 의미하는 것이었다. 그러나 사회경제적 측면에서는 「자유」를 뒷받침하는 개인주의의 영향으로 개인들 사이에 부의 소유에 차이가 나타나고 극단적인 경제적 양극화가 초래되었다. 이에 근대적 자본주의의 모순에 대한 반발로 공산주의와 사회주의가 등장하여 극단의 평등을 추구하였다. 모든 생산수단을 공유하고 능력에 따라 생산하며, 생산물에 대하여 필요한 만큼 소비한다는 공산주의적 경제원리는 20세기 100년간 거대한 실험으로 끝났으나, 인류공동체 내에서 평등한 삶이 얼마나 중요한 것인가를 일깨워 주었다.

더불어 잘 산다는 것은 결국 자유를 평등하게 누릴 수 있는 조건을 갖추는 것을 말한다. 자유를 평등하게 누리는 삶은 정치·경제·사회·문화·교육 등 사회의 모든 영역에서 실현되어야 한다. 그렇다고 하여 개인 간의 차이를 무시하고 절대적으로 평등하게 취급하여야 한다는 것은 아니다. 차별의 사유가 정당하다면 차별이 허용된다. 특히 경제적인 측면에서 인간의 최소한의 생존조건을 충족시키는 것이 다른 모든 생활의 기초가 되는 것이기 때문에, 국가는 생활의 기본수요를 충족시키도록 정책을 결정하고 집행하여야 한다.

개인의 입장에서 접근하면, 더불어 잘 사는 삶이란 쉽게 말하여 먹고 살기 힘들지 않는 나라를 말한다. 살아가기 위하여 필요한 재화가 곧 자본이다. 즉, 자본은 사람이 살아가기 위한 기초적인 자원으로서, 본질적으로 순환되어야 하는 것이다. 자본은 달리 말하면 '돈'이며, 이 돈은 마치 윤활유와 같아서 사람들의 삶을 윤택하게 해주는 것이다. **개인주의적 자본주의**는 자본 자체에 대한 집착으로 끊임없이 확대재생산을 추구한다. 축적된 자본은 자기생명력을 가지고 다른 사람과 자원을 지배하게 된다. 경쟁과 독점지향의 개인주의적 자본주의는 종국에는 사회를 파멸에 이르게 할 수도 있다. 서구 근대사회에서 국가와 결탁한 개인주의적 자본주의가 초래한 20세기의 두 번의 세계대전은 결코 잊어서는 안되는 소중한 경험이다.

우리 헌법은 개인주의에 기초한 자유방임적 시장경제질서가 아니라, 국가에 의한 경제의 규제와 조정을 가능하도록 하는 사회적 시장경제질서를 채택하고 있고(제119조), 그러한 의미에서 우리 헌법상의 경제원리는 **사회적 자본주의**라고 불러도 좋다.

七. 평화와 안전이 지켜지는 나라

1. 삶의 조건으로서의 평화

모든 사람은 자신의 삶이 평화롭기를 원한다. 하지만 인류역사는 끊임없는 전쟁과 안전에 대한 위협으로 점철되어 왔다. 더욱이 현대사회는 평화와 안전을 위협하는 요인들이 과거 어느 때보다 거대화하고 위험의 크기도 훨씬 커졌다. 이러한 요인들은 자연적인 것과 인위적인 것으로 나누어 볼 수 있는데, 자연적인 요인은 대표적으로 지구온난화로 인한 자연재해의 증대를 들 수 있고, 인위적인 것은 대표적으로 핵무기를 들 수 있다. 지구온난화의 문제는 그 원인에 대하여 자연적이라기보다는 화석연료의 남용으로 인한 인위적인 요인에 기한 현상이라는 주장도 있지만, 그 위협의 양태가 자연재해로 나타나는 것이므로 크게는 자연적 요인으로 분류할 수 있다. 그 외에도 환경오염으로 인한 생태계의 파괴, 테러리즘, 종교적 근본주의로 인한 분쟁,

날로 저항력이 강해지는 질병의 출현, 인종적 혐오, 경제적 불평등 등 인류의 생존을 위협하는 요인들이 점점 더 다양하게 나타나고 있다. 대형비행기나 선박 등 거대한 대량수송수단들의 안전성이 문제가 되고 있고, 과학기술의 발달에 힘입어 살상무기가 엄청나게 발전하였으며, 그중에서도 핵무기는 전쟁당사자들뿐만 아니라 인류 전체가 공멸할 수도 있는 위험을 안고 있다. 바야흐로 **위험의 전 지구화**가 나타나고 있다.

이러한 상황 아래에서 사람들의 평화와 안전에 대한 요구는 더욱 커지고 있을 뿐만 아니라 국가안전보장이나 공공질서의 확보라는 근대적인 국가임무에 더하여 적극적으로 평화롭고 안전한 국가를 구축해야 하는 의무까지 강조되고 있다.

2. 평화적 생존권

우리나라 헌법재판소는 이라크파병결정(2003), 미군기지 이전(2006), 전시증원연습(2009) 등 일련의 사건과 관련된 결정에서 평화적 생존권을 헌법적 기본권으로 인정할 것인가에 관하여 입장이 바뀌었다. 2003년의 결정에서는 평화적 생존권이 헌법상 권리인지의 여부는 명확히 판단하지 않고 이라크파병결정이 청구인들의 평화적 생존권을 침해한 것이라고 보기 어렵다고 판단하였으나, 2006년 결정에서는 적극적으로 **평화적 생존권**을 헌법적 권리로 인정하였다. 즉, 헌법재판소는 「오늘날 전쟁과 테러 혹은 무력행위로부터 자유로워야 하는 것은 인간의 존엄과 가치를 실현하고 행복을 추구하기 위한 기본 전제가 되는 것이므로, 달리 이를 보호하는 명시적 기본권이 없다면 헌법 제10조와 제37조 제1항으로부터 평화적 생존권이라는 이름으로 이를 보호하는 것이 필요하다. 그 기본 내용은 침략전쟁에 강제되지 않고 평화적 생존을 할 수 있도록 국가에 요청할 수 있는 권리라고 볼 수 있을 것이다.」라고 하여 평화적 생존권을 인간의 존엄에서 유래하고 헌법에 열거되지 아니한 권리로 인정할 수 있다고 하였다.

그러나 2009년 결정에서는, 4인의 별개의견이 평화적 생존권을 인정하였음에도 불구하고, 5인의 다수의견에서 평화적 생존권을 헌법적 권리로 인정할 수 없다고 하여, 2006년의 결정을 번복하였다. 다수의견은 「평화주의가 헌법적 이념 또는 목적이라고 하여 이것으로부터 국민 개인의 평화적 생존권이 바로 도출될 수 있는 것은 아니다. 헌법에 열거되지 아니한 기본권을 새롭게 인정하려면, 그 필요성이 특별히 인정되고, 그 권리내용(보호영역)이 비교적 명확하여 구체적 기본권으로서의 실체, 즉 권리내용을 규범 상대방에게 요구할 힘이 있고 그 실현이 방해되는 경우 재판에 의하여 그 실현을 보장받을 수 있는 구체적 권리로서의 실질에 부합하여야 할 것이다.」라고 하면서, 「청구인들이 평화적 생존권이란 이름으로 주장하고 있는 평화란 헌법의 이념 내지 목적으로서 추상적인 개념에 지나지 아니하고, 개인의 구체적 권리로서 국가에 대하여 침략전쟁에 강제되지 않고 평화적 생존을 할 수 있도록 요청할 수 있는 효력 등을 지닌 것이라고 볼 수 없다. 따라서 평화적 생존권은 헌법상 보장되는 기본권이라고 할 수는 없다 할 것이다.」라고 결론짓고 있다.

헌법재판소가 평화적 생존권의 인정 여부에 관하여 상반된 결론을 내리고 있지만, 헌법개정에서 아예 헌법규정으로 평화적 생존권을 신설할 필요가 있다. 물론 평화적 생존권이 구체적으로 어떠한 내용을 가지는가의 문제는 구체적 사건에 따라 그 포함 여부를 판단하면 될 것이다.

八. 다른 나라들과 더불어 사는 나라

1. 국제평화주의

근대 이전의 세계가 공간적으로 서로 단절되어 있어서 국가 간의 분쟁이 한 지역에 한정되고 지엽적이었다면, 오늘날의 국제분쟁은 전 지구적으로 영향을 미치고 있다.

제1차 세계대전 이전에는 전쟁을 행하는 것이 주권국의 당연한 권리라고 생각하였으며, 상대국이 국제법상의 의무를 이행하지 않을 경우에 이를 강제적으로 이행하게 하기 위하여 무력에 호소할 수 있다고 생각하였다. 그러나 이들의 전쟁을 통한 무력행사가 막대한 피해를 가져옴에 따라 전쟁을 금지하여야 한다는 국제여론이 거세게 일었고, 제1차 세계대전 후 국제연맹의 창설(1919)과 부전조약(不戰條約)의 성립(1928)으로써 실현되었다. 그러나 강대국 미국이 불참하고 조약위반에 대한 제재가 규정되지 않아 불완전하였다.

막대한 인명과 재산의 희생으로 전쟁의 참혹함을 절실히 인식하게 한 2차 세계대전 이후 전쟁의 참화에서 인류를 보호하려는 열망 속에 국제연합(UN)이 탄생하였다. 국제연합헌장에서는 무력행사가 일반적으로 제한되었으며, 안전보장이사회 등 무력행사의 위법성을 인정하는 체제도 정비되었다. 제1·2차 세계대전의 참혹성과 반인도성으로 세계인류는 평화를 희구하게 되었고, 각 국민의 평화정신은 대외적으로는 국제간 침략전쟁 방지를 위한 조약의 체결, 국내적으로는 헌법에 평화정신의 선언으로 나타나게 되었다. 그리하여 국가간의 평화적 공동생활을 문란하게 할 우려가 있거나 그 의도로써 행하여지는 행동, 특히 침략전쟁의 대행을 준비하는 행동을 위헌으로 하는 각 국가의 노력이 구체화되었다. 독일 기본법의 경우 평화파괴행위의 처벌과 무기의 제조·운반·거래의 금지를 규정하고, 필요한 경우 국가주권의 국제기구에의 이양과 국제법규의 국내법규에 대한 우월을 인정하였다. 네덜란드와 포르투갈의 헌법은 국제분쟁의 평화적 해결을, 프랑스 제4공화국 헌법은 전쟁수단으로서의 군비제한을, 일본헌법은 군대의 보유의 금지를 규정하는 등 국제평화유지를 위하여 국내 최고규범인 헌법에서 적극적으로 규정하고 있다.

2. 우리나라의 국제평화주의

우리나라는 1981년에 세계평화의 날을 제정할 것을 UN에 제안하여 1986년 11월부터 9월 셋째 주 화요일을 **세계평화의 날**로 정하게 하였다. UN은 2001년부터는 9월 21일을 「세계평화의 날」로 정하여 기념하고 있다. 우리 민족과 국가가 세계평화를 희구하고 전 세계 인민들에게 평화를 사랑하는 민족이자 국가임을 잘 드러낸 사례이다.

현행헌법은 전문에서 「안으로는 국민생활의 균등한 향상을 기하고 밖으로는 항구적인 세계평화와 인류공영에 이바지함으로써 우리들과 우리들의 자손의 안전과 자유와 행복을 영원히 확보할 것을 다짐

하면서」라고 하여 평화질서의 대원칙을 규정하고, 제5조 및 제6조에서 침략전쟁의 금지와 국제법규의 존중, 외국인의 법적 지위 보장에 관한 규정을 두어 **국제평화유지**를 위한 노력을 천명하고 있다. 우리 헌법 제5조 제1항은 「대한민국은 국제평화의 유지에 노력하고 침략적 전쟁을 부인한다」라고 규정하고 있는데, 이는 국제분쟁을 해결하는 수단으로서의 전쟁, 영토확장을 위한 전쟁, 채권확보를 위한 전쟁 등 국가목적을 위한 전쟁을 부인하는 것이다. 그렇다고 해서 자위전쟁(自衛戰爭), 즉 적의 직접적인 공격을 격퇴하기 위한 전쟁까지도 부인하는 것은 아니다.

한편 남북한이 분단되어 있는 상황에서 남북한 간에 무력충돌의 위험이 있어서, 남북한 정부는 7·4남북공동성명(1972)과 남북한 상호불가침협정(1974)을 통하여 무력행사를 포기한 바 있다. 헌법은 무력에 의한 실지회복을 포기하고 조국의 **평화적 통일**에 대한 염원을 담고 있다.

3. 세계입헌주의(global constitutionalism)를 위하여

과학 및 정보통신기술의 발달로 말미암아 오늘날의 세계는 시간과 공간에 있어서 단일한 세계로 인식되고 있다. 인류의 삶의 시공간적 범주가 지구 전체를 인식대상으로 하고 있다. 하나의 국가가 가진 규범질서는 필연적으로 다른 국가의 규범질서와 충돌하게 되어 있고, 그 충돌을 해결하는 새로운 규범질서가 필요하다. 마치 거대한 못이 말라 형성된 작은 샘이나 물웅덩이에서 서로 교류와 영향이 없이 각각 형성된 질서가, 물이 차올라 서로 연결되고 하나의 못으로 변하면서 서로 혼합되고 충돌하는 모양과 같다. 자그마한 샘의 질서라도 거대한 못의 질서에서 마찬가지로 중요한 가치라면 계속 유지되어야 한다. 또한 거대한 못의 질서가 기존의 샘의 질서와 충돌할 때에는 샘의 질서보다는 못의 질서를 수용하여야 한다. 그렇지 않으면 샘의 질서는 결국 소멸되고 말 것이기 때문이다.

지구 전체를 하나의 규범적 질서로 구성하는 것은 개별국가를 넘어선 **세계국가의 가능성**을 인정하는 것이다. 2차 세계대전 이후 UN이 만들어진 것도 세계국가 내지 세계정부의 가능성을 실현하기 위한 하나의 시도이다. 세계국가 내지 세계정부를 구성하기 위해서는 전 지구적 내지 범인류적으로 받아들여지는 규범질서에 대한 합의가 필요하고 그러한 합의를 실현할 수 있는 제도적 장치가 있어야 한다. 이러한 과정은 국제정치의 험난한 과정을 거쳐야 하지만, 피할 수 없이 걸어가야 할 인류의 과제이다.

전쟁의 혼란과 이데올로기적 극단의 시대이었던 20세기를 경험하면서 인류가 깨닫게 된 범인류적인 가치 중에서 가장 중요한 것은 바로 인간의 존엄에 대한 인식이다. 인간의 존엄성은 빈부의 차이, 피부색의 차이, 다양한 자연과 사회의 조건으로부터 유래된 문화의 차이, 민주주의와 인권에 대한 인식의 차이 등 모든 차별적 요소들보다도 가장 우선적으로 승인되어야 할 이념이다.

九. 통일로 나아가는 나라

1. 통일은 왜 해야 하나

우리나라는 1948년 이전까지는 하나의 나라이었고, 따라서 분단된 국토를 다시 통일하여야 한다는 것은 우리 민족과 국가에게는 누구도 부인할 수 없는 중대한 과제이다. 어떤 사람은, 기왕 70년 가까이 분단된 채로 살아 왔고, 남과 북이 서로 따로 발전하여 왔으니 애써 통일할 필요가 있겠느냐고 주장하기도 한다. 지구상에는 같은 민족이고 같은 언어를 쓰면서도 서로 다른 나라로 사는 사람들도 많으니, 일견 그럴 듯한 주장이다. 하지만 우리나라의 경우에는 분단상황보다는 통일국가를 이루는 것이 다양한 측면에서 이익이 될 수 있다. 그 이유는 다음과 같다.

첫째로, **역사적·민족사적 관점**에서 보면, 분단 이전까지 하나의 나라를 이루고 같은 언어와 같은 문화 그리고 같은 민족적 동일성을 지켜 왔기 때문에 분단된 채 별개의 국가로 살아가는 것이 심정적으로나 이성적으로 받아들이기 힘들다는 점이다. 과거 수천 년간 동일성을 유지하면서 살아왔던 민족이 서로 별개의 나라가 된다는 것은 분단된 양측에게 불완전한 정체성을 갖게 할 뿐이다. 더욱이 분단이라는 정치적 이유로 서로 떨어져 살고 있는 이산가족들의 입장에서는 분단상황 자체가 도저히 받아들일 수 없는 장애요소이다. 이산가족들이 모두 사망하고 더 많은 세월이 흘러 남북한의 동질성이 완전히 없어진다면 더 이상 통일을 주장할 필요가 없겠지만, 이는 오히려 반인

륜적이다.

둘째로, **정치적·안보적 관점**에서 보면, 분단상황이 낳는 정치적·안보적 불안정성은 남북한 양측에게 지극히 소모적인 정쟁만을 야기하고 있다. 남북한 상호간의 불신과 적대적 공존정책은 서로의 군비경쟁을 가속시키고 양 사회에 불필요한 긴장과 도발을 불러일으키고 있다. 이는 남북한 양측의 국민들의 삶을 불안하게 하고 평화롭고 안정적인 생존을 위협하는 주된 요인이 되고 있다.

국제적 관점에서 보더라도 남북한의 통일은 세계사적 의미를 가진다. 즉, 남북한의 통일은 20세기 100년 동안 참혹한 전쟁과 극단의 이데올로기 대립의 결과 형성된 세계질서를 최종적으로 그리고 통합적으로 해결한다는 의미를 갖게 된다. 물론 남북한을 둘러싸고 있는 주변국가들의 동의가 필요하겠지만, 우리 정부가 적극적으로 주변국가들을 설득하고 그 이해관계를 조정할 수 있다면, 그 자체로 세계사적 대립관계를 해소하는 것이 될 것이다.

셋째로, **사회적·경제적 관점**에서 보면, 대립정책에 따른 남북한 양측의 과도한 국방예산으로 인해 국부가 낭비되고 있고, 국가예산을 적정하게 사용하지 못하게 됨으로 인하여 남북한 국민 모두에게 불이익하게 작용하고 있다. 북한의 경우, 군 중심의 국가운영으로 인해 모든 국가예산이 군에 최우선적으로 할애되는 병참국가로서 인민들은 기근과 물자부족으로 일상생활을 영위하기조차 어렵게 되어 있고, 남한의 경우, 젊은이들의 국방의무 이행과 무기개발과 수입 등으로 인적·물적 자원의 낭비가 극심하다. 양측 모두 국방관련비용을 사회복지와 재정투융자로 전환한다면 훨씬 더 통합적이고 윤택한 삶을 향유할 수 있을 것이다.

넷째로, 국가의 **미래발전전략**의 차원에서 보면, 현재의 남북한의 단절로 인해 우리나라가 대륙과 해양 양측으로 발전할 수 있는 가능성이 차단되어 있음을 주목할 필요가 있다. 북한을 지나 광활한 시베리아 대륙으로 그 경제활동의 영역을 확장한다면 그로 인한 발전가능성은 엄청날 것이다. 단기적으로는 북한 지역의 우수한 노동자들을 활용하여 남한기업이 대외경쟁력을 갖게 되고 그에 따라 남북한 양측이 서로에게 성공적인 여건이 조성될 것이다.

2. 통일은 어떻게 할까

2017년은 분단 후 69년이 되는 해이다. 두 세대 넘게 서로 차단되어 있었던 까닭에 남북은 정치·경제·사회·문화적으로 서로 매우 이질적으로 변해왔다. 그럼에도 불구하고 통일대한민국을 달성하는 것이 필수적 과제라면 이러한 이질적 요소들이 서로 통합될 시간이 필요하다. 그런 점에서는 통일의 문제는 동서독처럼 단시간에 급작스럽게 이루어질 것이라고 보기는 어렵다. 물론 어느 한 쪽이 급작스럽게 붕괴하면 다른 한 쪽이 이를 흡수하여 통일이 달성되겠지만, 국민 전체가 동질적인 사회로 바뀌는 데에는 상당한 시간이 소요될 것이다. 그렇게 된다면 정치·사회적 혼란이 더 극심할 수 있기 때문에, 되도록이면 **혼란과 난관을 최소화하는 방법**을 강구하는 것이 바람직하다. 뿐만 아니라 국제법적으로는 남북한 상호간에 일방의 타방에 대한 연고권을 주장하는 것도 쉽지 아니하다. 따라서 남북한 간에 분단 상황을 적절히 관리하여 이질적인 사회를 동질적인 사회로 서서히 변화시킬 필요가 있다. 남한이 북한에 대하여 갖는 우월의식이나 북한이 남한에 대하여 갖는 적대적 인식들을 점차 완화시켜가면서 두 공동체가 하나로 통합되도록 하는 것이 바람직하다. 현재의 남북한은 한순간에 통일국가로 되기에는 너무나 많은 장애요소들이 있다. 문제를 하나씩 점차적으로 풀어가는 지혜가 필요한 때이다.

3. 헌법규범으로 정하자

우리나라 헌법사에서 통일에 관하여 언급한 것은 제5차 개정 부칙조항에서 '국토수복'이라는 표현이 보이지만, 직접 통일을 언급한 것으로 보기는 어렵고, '평화적 통일'과 '조국통일'이라는 표현은 제7차 개정인 '유신헌법'에서 처음 도입되었다. 즉, 헌법전문에 '조국의 평화적 통일의 사명에 입각하여'라고 하고, 제35조 이하의 통일주체국민회의 규정에서 '조국의 평화적 통일', '조국통일', '통일정책' 등의 표현이 추가되었고, 대통령의 의무(제43조), 대통령의 취임선서 등의 규정에서 '조국의 평화적 통일'이라는 표현이 추가되었다. 부칙규정에서는 지방의회구성을 '조국통일' 때까지 유보하는 규정을 두었다. 하지만, 당시에는 북한을 하나의 국가로 인정하지 않았던 사고가 팽배해 있었고, 오히려 정권유지와 집권연장을 위한 수단으로 위 표현들을 이용하였던 것에 불과하였다. 1980년 헌법에서도 유신헌법과 크게 다르지 않았다.

현행헌법은 유신헌법상의 표현을 대체로 그대로 수용하면서 실질적인 통일정책의 수행을 위한 규정들을 보완하였다. 즉, 헌법 제4조에서 '대한민국은 통일을 지향하며, 자유민주적 기본질서에 입각한 평화적 통일정책을 수립하고 추진한다.'고 규정하여 국가목표로서 통일에 관한 의지를 표명하고, 그 수단이 자유민주적 기본질서에 입각하여야 함을 명시하고 있다.

통일에 관한 헌법규정이 어느 정도 그 **규범적 완결성**을 갖추고는 있으나, 여전히 헌법상의 규정으로는 부족함을 인정하지 않을 수 없다. 과거 동서독의 경우에는 특히 서독 기본법에서 통일의 구체적 방법에 관하여 상세히 언급하고 있었던 점을 감안하면 우리 헌법도 구체적인 통일방안에 관하여 규정을 둘 필요가 있다. 특히 통일의 방법과 관련하여 지금까지 세계정세와 관련하여 주변적 질서를 지향하였다면, 이제 자주적·중심적 질서를 지향하여, 통일을 자주적이고 주체적으로 수행하여야 함을 선언하는 것이 필요하다. 이는 1972년에 있었던 7·4남북공동성명에서 표명한 '자주, 평화, 민족대단결'의 기본원칙, 1991년의 '남북기본합의서', 1993년 '민족공동체 통일방안', 2000년의 '6·15 남북공동선언', 2007년의 '10·4 공동선언' 등의 정신에 부합한다고 할 것이다. 남북 간에 합의된 이 원칙과 선언들을 헌법전에 편입하여 **통일의 기본원칙**으로 규정하는 것도 가능할 것이다.

제 2 장

권력의 주인, 국민

一. 모든 권력은 국민으로부터 나온다 - 국민주권주의

1. 누가 주권을 가지는가?

역사적으로 국가공동체의 주권을 누가 가지는가에 관해서는 민주주의와 법치주의의 발달과 밀접한 관련이 있다. 오늘날에는 왕권신수설(신주권설)으로부터 군주주권설을 거쳐 국민주권설이 일반적으로 받아들여지고 있다. 과거 사회주의 국가들은 인민주권설을 강조하였지만, 이때의 인민은 노동자·농민, 소위 프롤레타리아를 의미하는 것으로, 오늘날에는 역사적 의미만을 가질 뿐이다.

우리나라의 경우, 동양사회의 사상체계에서 소위 하늘(天)의 명을 받은 자가 지상세계에 대한 지배권을 갖는다는 의미에서 하늘의 아들인 천자(天子)가 주권을 가진다는 인식이 지배적이었다. 성리학적 유교국가이었던 조선국 시기에는 누가 주권을 가지는가에 대한 인식이 불필요하였고, 주권적 영역은 공적 영역으로서 개인이 침범할 수 없는 성역이었다. 따라서 개인은 군주에게 충성하는 것이 그 최고의 가치이었고, 개인적 가치인 효와 더불어 충효사상으로 강조되었다.

조선 말에 이르러 서구사상의 영향으로 주권관념이 인식되었고, 유교국가인 조선이 근대국가로서의 외형을 가진 대한제국으로 변경되면서, 군주주권설(황제주권설)이 등장하였다. 그러나 외세에 제대로 대응하지 못한 채 국토가 강점되었고, 3·1혁명 이후에 등장한 대한민국임시정부는 「**대한인민**」**이 주권자**임을 선언하였다.

해방 후 대한민국정부가 정식으로 수립되면서 헌법에서 그 용어가 「인민」에서 「국민」으로 바뀌어 국민주권을 명시하였다. 북한의 경우에는 주권이 「인민」에게 있다고 규정하여 사회주의식 「인민주권」을 표방하였다. 남북한 사이에서 「인민」이라는 용어가 다른 의미로 인식되어 언어의 의미왜곡이 되어버리고 말았다.

한편, 남쪽 정부인 대한민국의 헌정사에서는 헌법에 **국민주권**이 명시되어 있음에도 불구하고 국민주권원칙은 단지 형식적인 의미만을 가질 뿐이었다. 즉, 집권정치세력은 국민주권을 실질적으로 보장하기보다는 자신의 권력의 정당성을 부여받기 위한 수단으로만 이용하였다. 집권자의 정치적 이익을 위하여 헌법을 개정하는 경우에도 국민주권원칙에 따른 국민투표라는 정당화수단을 이용하였고, 유신헌법과 같이 집권자가 국민주권을 대표하는 국회를 마음대로 구성하도록 하여 국민주권을 왜곡하는 경우도 있었다.

2016년 말에 있었던 촛불혁명은 곧 국민주권을 왜곡하는 집권자에 대한 국민의 분노를 보여주었고, 주권자인 국민이 직접 나서서 집권정치세력을 전복시키고 자신의 주권을 회복한 것이었다. 이제 헌법을 개정하여 국민주권이 실질적으로 국가운영에 반영될 수 있도록 하는 것이 주어진 과제이다.

2. 국민주권을 실질적으로 보장하자

주권자인 국민은 자신의 주권을 어떻게 행사하는가? 우선, 국민은 국가구성원으로서 자신의 권리를 향유하고 의무를 이행함으로써 주권을 구체화한다. 헌법에 명시되거나 또는 그렇지 않은 권리에 대하여 그 향유주체로서 권리침해에 대응하여 자신의 권리를 회복하고 침해를 배제하며 자신이 원하는 삶을 충분히 누릴 수 있어야 한다. 또한 국가공동체를 유지하기 위한 기본적인 의무를 이행하여 국민으로서 최소한의 책임을 다하여야 한다. 국가는 국민이 가진 기본적인 인권을 최대한 보장하고 실질적으로 확보될 수 있도록 하여야 한다.

1) 지방분권을 실현하자

주권자인 국민은 또한 좁게는 자신이 살아가는 가까운 지역에서부터 넓게는 국가 전체의 정책에 관하여 주체적으로 의견을 제시하고 이를 그 정책결정에 반영하여야 한다. 지역단위에서 **주체적 정책결정**을 하는 것은 곧 지방자치를 통하여 구현된다. 구체적으로 지방자치제가 어떻게 구현되어야 하는가는 후술하겠지만(132면 이하), 단지 형식적으로만 지방자치제가 존재한다면 이는 국민주권원칙에 실질적으로 위반될 가능성이 크다.

2) 대의제를 강화하자

국민의 전체의사는 직접 표현될 수도 있고 그 대표기관인 의회를 통하여 표현될 수도 있다. 주권자인 국민은 자신의 정치적 의사를 자유로이 표현할 수 있는 제도적 장치를 통하여 그 **주권적 의사**를 나타낸다. 이러한 제도적 장치는 정치제도로서 정당제도나 선거제도를 포함하며, 헌법상 기본적이고 필수적인 제도로서 합리적으로 설정되어야 한다.

주권자인 국민은 또한 **규범적 주체**이기도 하다. 따라서 국가권력이 한 부분인 사법제도의 경우에도 국민의 규범적 의사가 반영될 수 있는 장치가 있어야 한다. 배심제나 참심제와 같이 국민이 직접 사법권의 행사에 참여할 수 있는 제도와 주권적 국민의 규범적 대표인 법관의 임명과정에 국민의 의사가 반영될 수 있는 제도가 필요하다.

그 외에도 공무원제도와 같이 국가의 공적 직무를 수행할 수 있는 자격, 즉 공무담임권을 실질적으로 보장할 수 있도록 그 선발과 임명에 공정성을 담보할 수 있는 제도적 장치가 있어야 한다.

3) 직접민주주의를 제도화하자

현행헌법에서 국민이 직접 그 정치적 의사를 표현하는 것은 대통령 및 국회의원을 선출하는 선거행위와 국가의 중요정책결정에 관한 국민투표 등이다. 2016년 촛불혁명과 같이 헌법규정에는 전혀 관련규정이 없더라도 국민은 그 정치적 의사를 표현할 수 있다. 다만, 그 표현된 정치적 의사에 법적 효과를 부여할 수 없을 뿐이지만, 정당한 다수의 정치적 의사표현이라면 비록 헌법에 규정이 없더라도 헌법적 효과가 부여될 수 있다.

이미 2016년의 촛불혁명의 경험에서 보았듯이, 국민의 직접적인 의사표현은 민주주의에서 매우 중요한 의미를 갖는다. 헌법에서 직접민주주의에 관하여 규정을 두지 않는다면, 국민의 직접적인 행동은 법적 효과를 가질 수 없고 그때그때의 정치적 상황에 따라 정치적으로만 의미를 가지게 된다. 따라서 헌법에서 **직접민주주의를 제도화**하여 그 법적 요건과 효과를 규정할 필요가 있다.

二. 국가권력은 무엇을 해야 하나?

1. 국가의 임무

권력은 국민으로부터 나오고 국가기관은 그 권력을 위임받아 행사한다. 따라서 권력은 철저히 국민을 위하여 사용되어야 한다. 집권자의 권력연장이나 권력강화를 위하여 국민의 의사와는 무관한 다른 수단을 사용한다면 그것은 곧 국민으로부터 유리된 권력이 되어버린다. 그러한 권력은 국민이 이익을 위하여 행사되기보다는 일부 집권세력이나 한정된 집단의 이익을 위하여 행사된다는 것이 우리 헌정사에서의 경험이다. 국가공권력을 국민 전체의 이익을 위하여 행사하지 아니하고 사적인 이익을 극대화하기 위하여 사용한다면 필연적으로 권력이 사유화되고 국가권력의 공공성은 왜곡되고 만다.

헌법에서는 국가가 스스로를 위하여 존재하는 자기목적적 존재가 아니라 개인의 기본적 인권을 확인하고 보장하기 위하여 존재함을 명시하고 있다. 말하자면 국가의 존재이유는 국민 개개인의 기본적 인권을 보장하기 위하여 존재하는 것이다. 따라서 국가는 오로지 국민을 위하여 대내적·대외적 임무를 가진다.

2. 대내적 임무

국민의 주권적 의사에 기하여 성립된 국가는 자신을 만들어준 사회영역에 대한 적극적인 보호와 보장 그리고 지원과 조성을 위하여 자신의 임무를 수행하여야 한다. 정치·경제·사회·문화·교육 등 국정 전반에 걸쳐 사회영역에 대해 적정하고 합리적인 기준을 제시하고 그때그때 사회영역의 의사를 수렴하여 이를 국정에 반영하여야 한다. **최소한의** 역할로서 치안질서를 유지하고 공권력의 행사로 인하여 개인의 기본적 인권이 침해되지 않도록 주의하여야 하며, **적극적으로** 국민 개개인의 삶을 인간답게 유지할 수 있도록 복지정책을 수행하고, 균형있는 국민경제의 성장 및 안정과 적정한 소득의 분배를 유지하고 경제민주화를 위하여 경제에 관한 규제와 조정을 하여야 한다. 개인의 이익과 국가의 이익이 충돌하는 경우에는 이의 조정을 위한 합리적이고 합법적인 수단을 강구하여야 하며, 강제적 수단이 아니라 사회영역의 합의가 도출되도록 그 과정을 관리하고 지원하여야 한다.

3. 대외적 임무

국가는 또한 **대외적 자주성과 독립성**을 확보하여야 한다. 특히 국방과 외교 영역에서는 국제정세의 영향을 받지 않을 수 없지만, 그렇다고 하여 일방적으로 종속적인 국방과 외교정책을 수행한다면, 국가로서의 자주성과 독립성에 심대한 침해를 야기할 수 있다.

대외적 임무 중에 빠뜨려서는 안되는 것이 곧 **재외국민에 대한 보호**이다. 오늘날 국민의 대외교류가 매우 활발해지고 있고 그에 따라 해외체류 국민의 안전이 심각하게 위협받는 사례가 빈번히 일어나고 있다. 국가 간 교류를 활성화하고 각 국가들 사이에 양 국민의 안전을 위한 협력체계를 갖추어야 한다.

제 3 장

내 뜻을 누가 대신하며 어떻게 뽑나? – 의회 및 정당제도와 선거제도

一. 의회제도

1. 우리나라 국회구성의 역사

우리나라는 대한민국임시정부 당시에는 「임시의정원」을 두어 대한인민의 정치적 의사를 대표하였는데, 비록 인민의 직접선거에 의하여 선출된 의원으로 구성한다고 하였으나, 사실상 선거에 의하지 아니하고 광복운동을 하는 사람이나 단체로 하여금 대한인민을 대표하게 하였다.

해방 이후에는 미군정 하에서는 민선의원 1/2과 군정장관이 임명하는 의원 1/2로 남조선과도입법의원을 구성하였다. 실질적 의미에서 최초의 국민대표기관이었지만, 미국의 법질서인 미군정 하에서 성립된 것이었고, 의결된 법안에 대해 미군정의 인준이 필요했기 때문에 독립된 국가의 정상적인 국회라고 할 수는 없었다.

제헌헌법 초안은 양원제로 구성되어 있었으나, 이승만의 반대로 단원제로 변경되었다. 1952년의 1차 개정에서 양원제를 규정하였으나, 4월 혁명까지 하원인 민의원만을 선거하고 상원인 참의원을 구성하지 않았다. 3차 개정헌법인 1960년 헌법도 양원제를 규정하고 민의원과 참의원을 처음으로 구성하였으나, 5·16군사쿠데타 이후 5차 개헌에서 다시 단원제로 복귀하였다. 5차 개헌 이후 현재까지 단원제 국회를 규정하여 운영되고 있다.

2. 양원제로 가자

양원제는 상·하 양원으로 의회를 구성함으로써 i) 의안처리에 신중을 기하여 단원제의 경솔함과 급진성을 방지할 수 있고, ii) 의회를 분리하여 구성함으로써 다수의 횡포를 방지할 수 있으며, iii) 양원 중 어느 한 원이 정부와 충돌할 경우 다른 한 원이 중재할 수 있고, iv) 상원을 지역대표나 직능대표로 구성함으로써 전체국민의 의사를 골고루 반영할 수 있다는 장점이 있다. 반면에, i) 양원의 의사가 충돌할 경우에 의안처리가 지연될 수 있고, ii) 두 개의 원을 구성함으로써 예산이 낭비될 수 있으며, iii) 양원이 서로 갈등하는 경우에 책임소재가 불분명하고, iv) 상원의 보수화로 국민의 의사가 왜곡될 우려가 있으며, v) 양원의 지지기반이 서로 다를 경우 상원이 보수반동화할 우려 등이 지적되고 있다.

우리나라의 경우 단원제를 채택한 것은, 정부수립 초기에는 국가건설을 시급히 완성해야 한다는 현실적 이유에서, 그리고 산업화과정에서는 국가정책결정을 효율적으로 하여야 한다는 이유에서이었다. 그러나 어느 정도의 경제발전과 민주화가 성취된 현재의 시점에서는 국회 자체에서 **협치의 필요성**이 커지고 있고, 지금까지의 단원제의 경험상 국회의 어느 임기 중에도 정당들이 서로 극단적으로 대립하지 않은 예가 없었고, 과거 단원제 국회에서 소위 '날치기' 입법으로 인해 정국이 경색되고 정치적 공방이 극심했던 점에 비추어 보면, 국회의사결정과정의 합리성과 신중성을 위하여 양원제를 채택함이 바람직하다. 물론 현재의 국회법에서는 소위 '국회선진화법'이라 하여 날치기 방지를 위한 제도적 장치가 있지만, 이 제도는 오히려 진정으로 필요한 입법임에도 불구하고 반대당의 저지로 제대로 법률을 제정하지 못한다는 문제점이 있다.

또한 양원제의 채택필요성은 장래에 실현될 **통일대한민국**을 위해서도 요청된다. 즉, 남북한 정부가 장래에 연방제이든 혹은 단일국가든 통일이 되는 경우에, 상당히 이질화되어 있는 현재의 상황을 극복하기 위해서는 가능한 한, 전체 국가의사결정을 신중하고 합리적으로 또 설득력있게 행할 필요가 있다. 특히 남북한 사이에는 인구수도 크게 차이가 있어서, 북한인구가 남한인구의 절반에 못 미친다는 점을 감안하면, 인구비례에 의한 구성이 아니라 적정한 지역단위에 맞추어 상원을 동수로 구성하도록 하여 북한지역이 소외되지 않도록 할 필요가 있다.

二. 정당제도

1. 지방정당을 허용하자

정당은 국민의 이익을 위하여 책임있는 정치적 주장이나 정책을 추진하고, 공직선거의 후보자를 추천 또는 지지함으로써 국민의 정치적 의사형성에 참여함을 목적으로 하는 국민의 자발적 조직이다. 특정분야에만 관심을 두거나 특정집단의 이익만을 추구한다면 정당이 아니라 시민단체나 압력단체이지 정당이라 할 수 없다.

우리나라 정당사는 해방 후 미군정 하에서 이데올로기 대립에 따른 특정 정치집단의 배제로부터 출발하였다. 일제강점기로부터 기득권을 유지해오던 친일세력들이 분단 후 이데올로기 대립에 편승하면서 이승만 정부 당시에 정치집단으로 등장하였고, 그 후 이들이 인물을 바꾸어 가면서 변신을 거듭하면서 오랜 기간 계속 정치세력으로 남아 있었다. 이들은 국민전체의 이익을 위하기보다는 특정집단이나 세력의 이익을 위하여 활동하였고, 선거에서의 공천을 이용하여 자신들의 기득권을 유지하였다.

정당은 정치적 의사형성을 위한 국민의 자발적 조직이므로 중앙정당으로부터 지방으로 영향을 미치는 하향식 정당이 아니라, 지방으로부터 중앙정당이 형성되는 **상향식 구조**로 바뀌어야 한다. 지방자치제가 민주주의 중요한 기제라는 점은 누구나 인정하는 것이거니와, 정당도 지방정당으로부터 상향식으로 형성되고 정책과 이념을 공유하는 다수의 지방정당이 중앙정당을 형성한다면, 민주주의원리에 가장 충실한 정당이 될 것이다.

이와 같이 정당이 상향식으로 구성되면 국민의 정치적 의사형성은 훨씬 다양하고 쉽게 이루어질 수 있다. 국민들은 좁게는 자신의 주변의 사안부터 넓게는 국가 전반의 정책결정에 대하여 관심을 가지게 되고 이를 국정 전반에 반영할 수 있는 구조로 되는 것이다.

한편, 우리나라의 경우 정당의 설립이 매우 어렵게 되어 있다.

독일에서는 독일 정당법에 나와 있는 일정한 조건만 충족시키면 되는데, 그 조건은 간략히 다음의 세 가지이다. 첫째, 선거참여의 진지성 여부이다. 조직의 공고성, 구성원 수, 공공에 드러나는 형태 등에서 그 목적설정이 진지한 것이어야 한다. 둘째, 선거참여에 대한 기간요건으로 6년 동안 연방의회 또는 주의회 선거에 자신들의 고유한 후보자명부를 가지고 선거에 참여하여야 하고, 그렇지 않으면 정당의 법적 지위가 상실된다. 셋째, 전체 구성원 또는 그 대표기구 구성원의 다수가 독일 국민이고, 그 소재지가 정당법의 효력이 미치는 범위 내에 있어야 한다는 것이다. 이상의 세 가지 조건만 갖출 경우 정당설립에는 아무런 제한이 없다. 즉, 정당 활동이 연방 수준에서 이루어지는가 혹은 주 수준에서 이루어지는가 하는 지역적 범위는 아무런 제약이 되지 않는다. 바로 이러한 점이 독일에서 각 지역의 이익을 대변하는 지방정당들이 자유롭게 태동할 수 있는 기반이 되었다.

일본은 정당설립 요건에 대해 헌법이나 다른 특별한 법률로 규정하고 있지 않으므로, 정당을 설립하고자 하는 사람들이 정치적 활동을 하겠다고 표명하고 등록하기만 하면 정당으로서 인정을 받는다. 따라서 정치에 참여하고자 하는 결사체로서의 의지만 있으면 전국규모이든 지역규모이든, 또는 정당본부가 수도에 있든 지방에 있든 그것은 아무 문제가 되지 않는다.

우리나라의 경우 정치·경제·사회·문화·교육 등의 모든 영역에서 중앙집권적 내지 수도권중심의 경향을 보여 왔었기 때문에, 전체 국민의 균등한 삶이 확보되지 못하였고, 그로 인한 폐해나 문제가 적지 않았다. 지방분권이 시대적 과제로 등장하고 있는 현재의 시점에서 지방분권을 강화하여 지방의 주민들이 자신들의 자율적인 정치적 의사를 형성할 수 있는 기회와 계기를 규범적으로 마련하여야 한다.

2. 헌법에 명시하자

중앙정당이 사회영역의 의사와 국가의 의지를 서로 연결시켜 주는 교량과도 같은 역할을 수행하는 정치제도인 것처럼 지방정당은 지방사회와 지방정부를 연결시켜 줄 수 있는 지방정치제도라고 할 수 있다.

지방정당이 존립할 수 있도록 하기 위해서는 **헌법규정**으로 직접 근거를 명시할 필요가 있다. 헌법에서 지방정당에 대한 규정을 두지 아니하고 법률로 규율할 수도 있지만, 전국정당제도만이 있었던 과거의 경험상 법률로 지방정당을 인정하기에는 정치권이 적극적으로 나서지 않을 수도 있다. 지역단위의 정당을 인정하되, 전국정당이 되기 위한 요건은 법률로 정하도록 하여, 지방정당을 활성화하고, 정당의 역할을 충실히 하기 위한 기본원칙을 헌법에서 그 대강을 정하는 것이 바람직하다.

3. 정치적 결사와 정당을 보호하자

정당은 헌법상 보장된 결사의 자유의 특수한 형태이다. 정당이나 정치적 결사를 설립하는 것이 쉽다면 굳이 정치적 결사와 정당을 따로 규율할 필요가 없지만, 정당에 대한 법적 보호가 정치적 결사와 다르게 취급된다면, 정당의 단계에 이르지 아니한 정치적 결사의 경우에도 그 보호장치를 정하는 것이 적절하다. 외국의 헌법에서는 일정한 요건에 해당하는 정치적 결사를 정당과 마찬가지로 보호하는 규정을 두는 경우가 많다. 헌법상으로는 정당을 보호하는 것과 함께 정치적 결사를 보호하는 것도 동시에 규정하도록 하고, 구체적 규정은 법률로 정하게 함이 적절하다.

정당이나 정치적 결사에 대한 보호와 관련하여 **정당해산제도**가 문제된다. 일반적인 정치적 결사는 엄격한 요건에 따라 등록거부 내지 등록취소의 방법으로 해산될 수 있지만, 정당의 경우에는 훨씬 강하게 보호될 필요가 있다. 정당해산제도는 민주주의의 적은 보호될 수 없다는 독일의 방어적 민주주의이론에 따른 것으로서, 우리나라에서도 남북간의 이데올로기적 대립상태를 고려하여 헌법규정으로 명시하고 있고, 최근에는 통합진보당의 해산결정이 헌법재판소에 의하여 내려지기도 하였다. 그러나 방어적 민주주의이론은 오남용의 위험이 크기 때문에 가능한 한 그 요건을 엄격하게 규정하고 그 해석 또한 엄격하게 이루어지는 것이 바람직하다. 특히 통일을 국가적 과제로 상정하고 있는 헌법정신에 비추어보면, 언젠가는 북한의 체제이념에 대하여 어느 정도 용인할 것인지가 문제될 수도 있다. 물론 헌법상의 자유민주적 기본질서를 결코 포기할 수 없지만, 통일을 위하여 북한의 체제이념에 대하여 유연하게 대처할 필요성이 있을 수 있다. 독일의 경우에도 냉전 초기인 1952년과 1956년에 사회주의제국당과 독일공산당에 대한 해산이 결정되었으나, 브란트의 동방정책이 시작되었던 1968년에 해산의 근거규정인 형법규정을 폐지함으로써 정당해산제도를 완화하였고 그에 따라 서독공산당이 설립되기도 하였다. 오늘날에는 극우정당에 대한 해산문제가 대두되고 있다. 그러나 극우정당들도 해산의 우려로 인해 가능한 한 적법하게 활동하려는 경향을 보이고 있다. 폭력적 수단으로 민주주의를 파괴하려는 세력에 대해서는 엄정하게 대처하되 국민의 정치적 활동을 제약하지 않도록 하는 지혜가 필요하다.

三. 선거제도

1. 국민을 가장 잘 대표하게 하자

선거는 민주주의를 실현하는 한 방법인 간접민주제를 구체화하는 제도로서, 하나의 집단 또는 단체의 대표자나 임원을 그 구성원 중 일정한 자격을 갖춘 자가 정해진 방법에 따라 자유의사로 선출하는 행위를 말한다. 국가영역에서는 우리나라의 경우 대통령과 국회의원을 선출하는 행위를 말한다. 선거는 주권자인 국민이 그 주권을 행사하는 통로이므로 선거제도는, 첫째, 국민의 의사를 제대로 반영하고, 둘째, 국민의 자유로운 선택을 보장하여야 하고, 셋째, 정당의 공직선거 후보자의 결정과정이 민주적이어야 한다. 그렇지 않으면 민주주의원리 나아가 국민주권의 원리에 부합한다고 볼 수 없다(헌법재판소 결정). 이와 같은 요구를 충분히 반영하기 위해서는 선거제도가 올바로 정해져야 함은 말할 필요가 없다.

국민의 대표성은 **양적인 측면**과 **질적인 측면**을 생각할 수 있다. 양적인 측면은 인구수에 비례하여 대표숫자를 결정하는 것으로서, 선거결과 획득한 득표수를 기준으로 하여 그 대표성을 판단하는 것이며, 질적인 측면은 인구수와는 상관없이, 대표되어야 함에도 불구하고 여러 가지 사정에 따라 자신들의 대표를 내지 못하는 경우에 이를 고려하여 대표를 할당하거나, 지역성을 중시하여 대표를 결정하는 것이다. 전자는, 전체 유권자 중에서 득표한 비율로 대표기관의 대표숫자를 할당하는 것으로, 예컨대, 한 정당이 전체 유권자 중에서 50%를 득표하였다면, 대표숫자도 전체 의석의 50%가 되도록 할당하는 방법이다. 후자는, 예컨대, 사회적 소수자나 약자의 경우 혹은 전문분야나 특수분야의 경우, 자신들을 대표하는 정치적 결사나 정당을 만들지 못하여 선거에 참여할 수 없을 때, 또는 인구수와는 무관하게 지역성이 대표될 필요가 있는 경우 등에, 일정한 숫자를 할애하는 것이다.

국민의 대표성은 위 두 측면을 잘 조화시키는 것이 가장 바람직하다. 양적 측면에서 전체 국민의 의사가 일정한 비율로 다르게 나타난다면 서로 다른 정치적 의사를 골고루 국가정책결정에 반영하는 것이 바람직하다. 물론 서로 다른 정치적 의사가 있더라도 구체적 사안에서는 토론과 타협의 과정을 거쳐 최종적인 결정으로 나타날 것이다. 또한 어느 시기에 소수자라 하더라도 언젠가는 다수로 될 가능성이 열려 있어야만 민주주의국가라고 할 수 있다.

2. 현행제도의 문제점

현행헌법에서는 대통령과 국회의원 그리고 지방자치단체의 장과 지방의회의원을 선거로 선출하게 되어 있다. 지방자치단체의 장과 지방의회의원의 경우는 법률로 규율하고 있으므로, 헌법에서 규율하는 대통령선거와 국회의원선거를 중심으로 살펴본다.

1) 대통령선거의 경우 – 결선투표제를 도입하자

대통령선거의 경우, 현행헌법은 국민직선의 방법을 채택하고 있는데, 문제는 당선자 결정방법이 국민의 대표성을 얼마나 정확하게 반영하는가이다. 통상 과반수의 득표를 하면 대표성을 충분히 갖는다고 볼 수 있지만, 그렇지 못한 경우에는 대표성이 다투어질 수 있다. 현행 헌법규정은 대통령당선자 결정방법을 단순다수로 하고 있다고 보는 것이 일반적 견해인데, 이에 대해 과반수 혹은 일정비율(예컨대, 40%)을 넘지 못한 경우에 결선투표를 하도록 법률로 정하자는 주장이 있었다. 현행헌법 하에서 이 주장이 적절한지는 따로 논하더라도, 헌법이 개정된다면, **결선투표제**를 도입하는 것도 필요하다. 즉, 일정한 득표비율(40% 혹은 50%)을 정하고 이에 이르지 못할 경우에는 상위 1, 2위 후보자에 대한 결선투표를 통해 최종적으로 대통령당선자를 결정하도록 하는 것이다. 외국의 경우 결선투표제를 채택하는 나라가 적지 않은데, 오히려 결선투표가 진보 내지 개혁성향의 후보자를 배제하는 수단으로 이용되는 경우가 많다는 주장도 있다. 현실적인 효과가 어떠한가의 문제는 차치하고라도, 적어도 국민을 통합하고 당선자의 정당성을 강화하기 위하여 결선투표제를 도입하는 것도 한 방법이다.

2) 국회의원 선거의 경우

국회의원의 수는 몇 명이나

국회의원의 수는 법률로 정하되 200인 이상으로 하도록 규정하고 있다(헌법 제41조 제2항). 하한은 두되 상한은 두지 않은 것이다.

공직선거법상 지역선거구는 선거구획정위원회의 결정을 거치도록 하고 있다. 2016년 20대 국회는 공직선거법상 국회의원 수는 300명으로 되어 있고, 이 중 지역선거구는 253명, 비례대표는 47명으로 정하였다. 다른 나라에 비해 국회의원 수가 너무 많다는 비판이 있지만, 이는 인구수나 소모예산 등을 다른 나라와 단순비교하여 판단할 문제는 아니다. 지방분권이 확립된 나라들은 지방정부와 중앙정부 사이에 권력분산이 적절히 이루어져 있고 지방정부의 일은 지방정부가 담당하기 때문에 중앙정부의 정책결정을 위하여 많은 수의 국민대표를 둘 필요가 없다. 하지만 우리나라는 지방분권적이라기보다는 중앙집권적이었기 때문에 지역의 문제나 정치·경제·사회·문화·교육 등 국정 전반의 영역에서 제기되는 문제들을 중앙정부와 국회에서 결정해왔고, 또 합리적 토론과 타협의 정치과정보다는 특정인이나 특정집단의 독단적 결정을 밀어붙이는 방식으로 정책결정이 이루어지는 경우가 많았다. 이 과정에서는 국회의원의 수는 단지 표대결을 위한 거수기의 의미를 가질 뿐이어서 국회의원 수가 너무 많다고 판단할 수도 있다. 하지만, 정치적 의사의 다양성과 정책의 광범성을 반영하는 진정한 의미의 국민대표로서, 사회 전반의 영역을 다루기에는 국회의원의 수가 오히려 적을 수도 있다. 국민의 다양한 정치적 요구를 반영하기 위하여 몇 명이 적정한가를 결정하는 것은 여러 요소를 고려하여야 하지만, 앞서 언급한 지방분권의 정도를 고려할 필요가 있다. 지방적 요구는 지방에 맡기고 중앙정부는 전체 국민의 이익을 위한 정책결정을 맡는다면, 상대적으로 국민대표의 수는 많을 필요가 없다. 헌법개정을 통하여, 지방분권과 양원제가 실시된다면 국회의원의 수는 지금의 300명보다 적은 수로 충분할 것이다. 다만, 국회의원의 수는 통일 대한민국을 전제로 할 경우에는 적정숫자를 달리 정할 필요가 있다. 헌법상으로는 통일대한민국의 전체 의원수를 규정하고 경과조치로서 남한지역만의 국회구성을 위한 의원숫자를 정하는 것도 한 방법이다.

국회의원을 어떻게 선출할까

현재 국회의원 선출방법은 **지역선거구**와 **비례대표제**를 혼합하고 있다. 지역선거구는 소선거구 다수대표제 즉 1선거구 1대표제도를 채택하고 있다. 이 제도는 한 선거구에서 단순다수제에 따라 1인의 대표를 선출하기 때문에 그 1인을 결정하는 표만이 유효한 표이고 나머지는 사표(死票)로 된다. 한 선거구의 후보자 수가 많으면 선거구 유권자의 일부만으로도 대표로 선출될 수 있기 때문에 자칫 유권자의 의사를 왜곡할 수도 있다. 이를 피하기 위하여 일정득표를 하지 못하는 경우 각 선거구별 결선투표를 채택할 수도 있지만 이는 매우 부적절한 방법이다.

소선거구제 하에서는 각 선거구별로 당전자를 결정하므로 사표가 많이 발생하고 전체 국민의 의사와 지역선거구에 따른 당선자의 수가 비율상 불일치할 가능성이 매우 크다.

비례대표의 경우, 매 선거마다 선거구획정위원회에 의하여 지역선거구의 수가 결정된 후 비례대표 숫자가 정해지도록 하고 있으므로, 지역선거구제에 종속적이다. 과거에는 지역구 의석수의 비례에 따라 비례대표를 할당하는 어처구니없는 방법을 채택한 적도 있었지만, 현재는 투표 시 지지정당을 별도로 투표하여 그 득표비율에 따라 전체 비례대표 의석수를 할당하도록 하고 있다. 그러나 비례대표 의원수의 비율이 높지 않기 때문에 국민전체의 의사를 제대로 반영한다고 보기 어렵다.

결국, 현재의 국회의원 선거제도는 국민의 대표성을 제대로 반영할 수 있는 제도라고 보기 어렵다.

3. 국민대표를 제대로 뽑자 – 비례대표를 원칙으로 하자

국민의 의사를 가장 잘 반영할 수 있는 선거제도는 결국 전체 국민의 의사와 대표되는 의원의 수가 가장 일치하는 방법을 찾는 것이다. 가장 쉬운 방법은 각 정당별로 명부를 정하고 전체 유권자의 선거를 통해 그 득표비율로 의원수를 할당하는 방법이다. 하지만, 대표의 질적 측면에서 지역의 특성을 반영하는 것도 정치적으로 필요하므로 지역선거구를 통해 의원을 선출하도록 보완할 필요가 있다. 즉 비례대표를 원칙으로 하고 지역선거구를 보완하는 방법이다. 현재 독일 하원의 선거제도가 바로 이러한 방법을 택하고 있다. 독일 하원의원 선거는 지역선거구 299명, 비례대표 299명을 선출한다. 지역선거구는 인구비례에 따라 선거구를 정하고 각 선거구에서 제1투표로 다수대표제에 의하여 1인을 선출한다. 비례대표는 제2투표에서 얻은 각 정당별 득표비율에 따라 의석을 배분한다. 이때 제2투표에 의한 정당득표비율은 전체 하원의원 숫자 598명의 배분비율이 된다. 이해를 돕기 위하여 예를 들면, 지역선거구 50인, 비례대표 50인 합하여 100석의 의석수가 있을 경우, A당이 정당득표에서 50%를 획득했다면, 기준 의석수는 50석이 된다. 여기서 지역선거구에서 당선된 자가 30인이면 나머지 20인은 비례대표의석에서 충원한다. 만약 정당득표 50%에 지역선거구에서 한 명도 당선자를 내지 못한다면 50인 전부를 비례대표의석에서 충원한다. 정당득표가 10%에 그치면 전체 의석수 100석 중 10%인 10석만 배정되는데, 이때 지역선거구에서 15석을 얻으면 초과된 5석도 의원으로 인정한다. 지역선거구와 비례대표를 서로 연동시키는 것이다. 이러한 방식으로 인해 독일 하원의원의 최종적인 의원수는 유동적이다. 독일 연방헌법재판소는 최근 하원의원 수가 지역선거구에 의한 의원 수로 인해 과도하게 증원되는 것을 피하기 위하여 다수당의 초과의석을 15석으로 제한하도록 판결하였다.

지금까지 우리나라의 국회의원 선거가 지역선거구 원칙－비례대표 보완이라는 방식이었다면, 위에 언급한 방법은 **비례대표 원칙－지역선거구 보완**이라는 방법을 규정하는 것이다. 국민의 대표성을 가장 잘 구현하는 방법으로서 양적 측면에서 득표비율에 따라 대표를 결정하되, 질적 측면에서 지역선거구제를 보완하는 것이다. 지금까지 정치권에서 자주 논의되어온 권역별비례대표제가 이와 유사한 방법이기는 하지만 지역선거구에 종속적이라는 점에서 대표성이 충분하다고 하기는 어렵다.

위의 방법은 양원제를 채택하는 경우에, 상원에까지 적용하는 것은 적절하지 아니하다. 상원은 양적 측면보다는 질적 측면에서의 대표성이 더 중시되기 때문이다. 따라서 인구수와는 상관없이 지역단위당 동일한 수의 상원의원을 선출하도록 하면 족하다.

선거제도를 헌법에 상세히 규정하는 것은 쉽지 않으므로, 원칙규정 내지 선언적 규정으로 규정함이 적절하다. 즉, 「국회의원의 선거구와 비례대표제 기타 선거에 관한 사항은 법률로 정하되, 전체 국민의 대표성을 최대한 반영하여야 한다.」는 정도로 규정하고 구체적으로 법률로 정하면 족할 것이다.

제4장

나는 어떤 권리를 가지는가? – 기본적 인권

一. 역사는 어떠했나

인류역사상 인권(사람의 권리)에 관한 인식은 매우 오래 전부터이지만, 권리선언 내지 인권선언과 같은 정치적 선언에 이어 법적 관점에서 권리를 인식하고 이를 헌법에 규정하기 시작한 것은 서구의 근대사회 특히 18세기 중후반 이후이다. 영국의 경우, 왕과 귀족 사이의 다툼을 해결하기 위한 여러 제도적 장치(마그나 카르타, 권리청원, 인신보호법, 권리장전 등)들이 일찍부터 발전하였는데, 초기에는 신분제하에서 귀족들의 이익을 위한 것이었지만 점차 개인의 권리에 대한 인식으로 발전하면서 유럽의 여러 나라로 확산되었다.

인권은 사람을 어느 범주에서 인식하느냐에 따라 그 권리의 내용이 달라질 수 있다. 역사적으로 인권을 인식하는 범주는 개인 범주 – 사회 내지 국가 범주 – 범인류적 범주로 확대되어 왔다.

사람을 개인차원으로만 인식한 시대의 인권은, 개인주의와 자유주의를 바탕으로 하여 **나만 생각하던 시대의 권리인식**(individual-based rights)이었다. 이성을 중시하여 한 개인을 추상적으로 완성된 인격으로 이해하고 그가 갖는 권리는 하늘이 부여한 것(천부인권설)으로서 남에게 양도할 수 없는 일신전속적인 것이라 하였다. 이 시대의 권리는 시민적·정치적 권리 그중에서도 특히 자유권이 중심적이었다. 제1세대 인권이라고도 한다.

개인을 넘어서서 사회공동체 내지 국가공동체의 범주에서 사람을 인식한 시대의 인권은 사회주의 및 그 영향을 받은 수정자본주의 시대에 **사회적 차원 혹은 국가적 차원에서 개인의 권리를 이해하는 권리 인식(society(nation)-based rights)**이었다. 이 시대의 권리는 한 공동체 내에서 한 개인의 최소한의 생존과 복지를 위한 권리를 추구한 것으로, 경제적·사회적·문화적 권리 그중에서도 특히 생존권(혹은 사회권)이 중심적이었다. 제2세대 인권이라고도 한다.

오늘날에는 사람을 인식하는 범주가 전지구적으로 확대되었다. 피부색이나 인종, 종교, 출신지역, 문화, 성별, 교육정도 등 모든 차별적 요소들을 넘어서서 한 사람을 규정하는 범주가 범인류적 차원으로 확대되었다. 이 시대의 인권은 말 그대로 존재하는 인간(human-beings)이기 때문에 갖는 권리로서 특정 사회나 국가의 범주를 넘어서서 **지구사람 모두를 바탕으로 권리를 이해하는 권리인식(global-based rights)**이다. 이 시대의 인권은 인간의 보편적 권리로서 인간의 존엄에 대한 권리, 연대(solidarity)의 권리, 인류공통유산에 관한 권리, 환경관련 권리, 평화로운 생존의 권리, 인도적 구조의 권리 등, 범인류적 차원에서 추구되는 권리들이다. 제3세대 인권이라고도 한다.

위 각각의 범주의 권리들은 얼핏 보면 서로 모순되거나 충돌하는 것처럼 보이지만, 서로 보완적이거나 다른 차원의 권리이다. 따라서 인권을 주장할 때 그것이 어느 인식범주에 속하는 권리인지를 명확히 하면 그 주장 및 보호의 방법과 내용이 정해질 수 있다.

우리나라의 경우, 인권관념은 조선 말에 서구의 사상이 유입되면서 '통의(通義)'라고 번역되어 사용되었고 서구의 자연법사상이나 천부인권설이 주장되기도 하였다. 그러나 전통적인 유교사상과 충돌하면서 자유나 권리관념이 명확히 정립되지 못하였고, 시민적 권리가 확립되기도 전에 일본제국이 국토를 침략하여 억압적 식민지통치를 자행하여 서구적 인권사상이 올바로 수용되지 못하였다. 그러나 대한민국임시정부의 헌법에는 평등권·자유권·참정권 등 기본적 인권규정이 있었다. 1948년 정부수립 이후에는 적극적으로 서구의 인권이론이 수용되기 시작하였고, 민주화와 경제성장을 통해 기본적 인권이 실질적으로 보장되는 국가로 발돋움하게 되었다. 우리나라의 민주화 과정은 곧 **자유와 권리의 확대과정**으로 보아도 무방하며, 나아가 전통적인 사상을 현대적인 인권사상과 접목하여 새롭게 이해하려는 노력이 이어지고 있다.

二. 현행헌법상의 인권과 그 강화

1. 자유롭게 살거야 – 자유권

사람에게 가장 중요한 권리는 자유롭게 사는 권리 즉 자유권이다. 자유롭게 살 권리를 침해하는 주체는 매우 다양하다. 사회 내의 개인이나 집단(예컨대 기업, 학교, 종교단체 등)일 수도 있으며, 외국이나 국제단체도 자유권을 침해할 수 있다. 역사적으로는 한 국가공동체 내에서 국가라는 이름으로 개인의 자유를 침해하는 경우가 가장 빈번할 뿐만 아니라 강력하였기 때문에 자유권이 주장된 초기에는 국가로부터의 자유가 가장 중시되었다. 이 시기의 자유는 국가로부터 간섭받지 않는다는 소극적 의미의 그것으로 이해되었고, 자유를 침해하는 주체가 국가로 한정되어 국가권력에 대한 저항이라는 의미를 가지고 있었다.

오늘날에는 자유는 소극적인 의미에만 한정되지 아니하고 자유를 향유할 수 있는 조건을 충족시켜줄 것을 요구하는 **적극적 의미의 자유의 개념**으로 확대되었다. 누릴 수 있는데도 스스로 누리지 않는 것은 자유이지만, 누리고 싶어도 누릴 수 없는 자유는 자유가 아니라는 것이다. 그러한 점에서 자유를 헌법상 권리로 인정하더라도 그 자유를 향유할 수 있는 조건이 충족될 수 있도록 하는 것이 중요하다.

우리나라는 과거 국가안보라는 미명 하에 개인의 자유를 제한하는 정책과 입법이 적지 않았고, 개인은 국가의 억압적 제재에 저항할 수 없었다. 민주화의 험난한 여정을 거쳐 이제 개인의 자유가 올바로 확립되는 과정에 있으며, 정보화사회에 걸맞는 새로운 자유가 요구되고 있다.

현행헌법은, 인신(人身)의 안전과 자유로서 신체의 자유(제12조)를, 정신의 안전과 자유로서 양심의 자유(제19조)와 종교의 자유(제20조), 학문·예술의 자유(제22조), 언론·출판 및 집회·결사의 자유(제21조)를, 사생활의 안전과 자유로서 주거의 자유(제16조), 사생활의 비밀과 자유(제17조), 통신의 자유(제18조)를, 사회·경제적 안전과 자유로서 거주·이전의 자유(제14조), 직업의 자유(제15조), 재산권의 자유(제23조) 등을 규정하고 있다.

이 목록 중, 양심의 자유는 원래 사상·양심의 자유로 규정되는 예가 많은데, 우리나라에서는 사상의 자유를 삭제하고 양심의 자유만 규정한 것이다. 새 헌법에서는 사상의 자유를 포함하여 규정함이 타당하다. 또한 언론·출판의 자유에서도 언론기관의 시설기준을 법률로 정할 수 있도록 하고 있는 규정은 과거 독재정권의 잔재이므로 삭제함이 타당하다.

이와 같은 명시적인 기본적 인권의 목록 이외에 생명권, 일반적 행동자유권, 알권리를 포함한 정보의 자유 등을 헌법에 규정하여야 한다는 주장이 힘을 얻고 있다.

2. 인간답게 살도록 해줘 – 생존권: 특히 노동권의 강화

인권의 역사에서 18·19세기가 자유권의 역사라면 20세기는 사회적 권리를 확보하기 위한 역사이었다. 개인주의에 바탕한 자유권을 최대한 보장한 결과 개인주의적 자본주의가 발전하고 그에 따라 부의 사회적 양극화가 극심해지고 자본주의의 모순이 극에 달하였고, 국가권력과 결탁한 자본가들이 제국주의·침략주의로 치달아 결국에는 세계 제1차 대전으로 귀결되었다. 19세기 말에 등장한 공산주의 내지 사회주의세력은 1917년의 러시아혁명을 계기로 사회주의국가의 팽창으로 이어졌고, 이에 위협을 느낀 자유주의와 자본주의국가들은 사회주의헌법이념인 평등이념을 적극적으로 수용하여 공동체 내에서의 최소한의 생존을 보장하기 위한 권리를 인정하였다. 1919년 바이마르 헌법에서 최초로 도입된 **사회적 기본권** 즉 **생존권**은 본질적으로 경제적·사회적 약자를 위한 약자의 권리로서의 속성을 갖고 있다. 오늘날에는 '요람에서 무덤까지'라는 명제로 대표되는 복지국가·급부국가의 모습으로 나타나고 있다.

현행헌법에는 교육을 받을 권리(제31조), 근로의 권리(제32조), 근로3권(제33조), 인간다운 생활을 할 권리(제34조), 환경권(제35조), 혼인과 가족에 관한 권리(제36조) 등의 기본적 인권을 규정하고 있다. 이 규정들 중 교육을 받을 권리는 능력에 따라 균등하게 교육을 받을 권리를 규정하였는데, 특히 교육의 자주성·전문성·정치적 중립성 규정은 개정할 필요가 있다. 교육의 「정치적 중립성」 규정은 교육을 적극적으로 조성하고 교육과 관련된 당사자들의 권리를 보장하기 위하여 강조되기보다는 정치권력의 의도에 따라 교육분야를 통제하는 데에 더 많이 이용되었다. 최근 논란이 되었던 국정교과서문제도 교육의 정치적 중립성을 빌미로 추진된 측면이 강하고, 교사들의 정치적 행위에 대한 통제나 교육내용에 대한 적극적 통제로 교육현장을 획일화하려는 경우에 가장 자주 들먹여진 표현이다. 따라서 교육의 「정치적 중립성」 조항은 오히려 교육의 **공공성**이라는 말로 바꾸어야 할 것이다.

다음으로, 근로에 관한 권리규정들은 그 표현부터 「근로」가 아니라 「**노동**」으로 바꾸어야 한다. 「근로」는 사전적 의미로 「부지런히 일한다」는 의미이지만, 원래 「노동」이라는 말이 권리를 표현하기에 더 적합하다. 우리 헌법은 일찍부터 '노동'을 '근로'로 표현하여 같은 의미를 갖는 것으로 이해하여 왔다. 그러나 언어로서의 노동과 근로는 어감이나 사회적 인식의 측면에서 적지 않게 다르게 받아들여지고 있음도 부정할 수 없다. 우리나라 헌법사에서는 1948년 5월의 유진오헌법초안 이전에는 주로 '노동'으로 표현되었던 것이 동 초안에서 '근로'로 표현된 이후 여러 헌법안에서 '근로'로 고착되었던 것으로 보이는데, 아마도 사회주의 진영에서 사용하는 「노동」이라는 표현을 피하기 위하여 「근로」라는 말로 바꾼 것으로 생각된다. 현재 정부부서 중에도 고용노동부라는 표현을 쓰고 있고, 노동청이나 노동위원회와 같이 노동이라는 말이 일반적으로 쓰이고 있으므로, 개정헌법에서는 **「노동권」**, **「노동3권」**으로 규정하여 정착되도록 함이 바람직하다.

우리나라에서 자주 논란이 되는 사안으로 「동일노동 · 동일임금」의 문제가 있다. 1948년 세계인권선언은 동일노동 · 동일임금을 노동자의 권리로 인정하고 있다. 우리나라의 경우에도 헌법에서 **「동일노동 · 동일임금」 원칙**을 규정할 필요가 있다.

현행헌법상 근로3권 규정에서 공무원인 근로자의 근로3권 제한 규정은 삭제되어야 한다. 굳이 근로3권 제한에 관한 헌법적 근거규정을 두지 아니하고 기본적 인권제한에 관한 일반규정(제37조 제2항)으로 처리할 수 있도록 함이 바람직하다.

생존권과 관련하여 새롭게 헌법적으로 규정할 필요가 있는 것은, **보건에 관한 권리**(건강권)이다. 현행헌법 제36조 제3항에서 「모든 국민은 보건에 관하여 국가의 보호를 받는다」고 규정하여 권리로서가 아니라 국가의 보호의무로서 보건권 내지 건강권을 규정하고 있으므로, 이를 권리규정으로 명확히 하는 것이다. 권리규정과 국가의 보호의무 규정은 그 보호의 정도나 방법에서 크게 차이가 나기 때문이다.

또한 현재 헌법에서 국가의 주택개발정책수립의무규정을 적극적으로 국민의 **거주권**으로 격상할 필요가 있다.

3. 나라에 요구할거야 – 청구권

국가는 국민주권원리에 따라 국민에 의하여 만들어진다. 국민은 자신이 만든 국가에 대하여 자신의 이익을 위하여 특정의 행위를 요구할 수 있다. 이 요구할 수 있는 권리는 청구권적 기본권, 기본권보장을 위한 기본권, 수익권 등으로 불린다. 국민이 자신의 생명·신체 또는 재산을 침해받는 경우, 직접 자력구제를 통해 자신의 이익을 보호하는 것이 사람의 본능이라 하겠으나, 이러한 사적 구제는 자칫 사회를 큰 혼란에 빠뜨릴 수 있다. 따라서 국가로 하여금 그 침해를 배제하고 침해된 이익을 원상회복하도록 요구할 수 있게 한 것이다. 뿐만 아니라 국가 자체가 개인의 이익을 침해한 경우에는 국가로 하여금 그에 대한 배상 또는 보상을 하도록 요구하는 권리도 필요하다.

현행헌법은 청구권적 기본권으로 청원권(제26조), 재판청구권(제27조), 손실보상청구권(제23조 제3항), 형사보상청구권(제28조), 국가배상청구권(제29조), 범죄피해자구조청구권(제30조) 등을 규정하고 있다. 국가배상청구권 규정 중에서 군인·군무원 등의 이중배상금지규정(제29조 제2항)은 과거 대법원에 의해 위헌으로 판결되었던 구 국가배상법 제2조 제1항 단서규정을 헌법규정으로 격상시켜 위헌논란을 원천적으로 차단했던 규정이다. 내용적으로는 위헌이지만 헌법에 규정되어 있기 때문에 위헌이라고 할 수 없게 한 것이다. 개정헌법에서는 이 규정을 삭제하는 것이 바람직하다.

새로운 청구권으로 **법률구조청구권**이 명시될 필요가 있다.

4. 나랏일에 참여할래 – 참정권

주권자인 국민은 국가기관을 형성하고 국가의 정책결정과정에 참여할 권리를 가진다. 국민은 국가의 주인이므로 국가의 일에 당연히 참여할 수 있고 또 참여하여야 한다. 참여의 방법은 공직을 담당하거나, 공직자를 선출함으로써 참여하는 방법이 있고, 직접민주주의를 실현하는 제도로서, 국가 중요정책을 결정하는 국민투표(레퍼렌덤), 통치권자의 신임 여부를 묻는 국민투표(플레비시트), 국민이 직접 헌법개정안이나 법률안을 제안하는 국민발안제도, 국민의 의사에 따라 공직자를 임기만료 전에 해직시키는 국민소환제도 등이 있다.

현행헌법은 선거권(제24조) 및 피선거권(공무담임권)(제25조), 대통령이 부의하는 중요정책에 대한 국민투표권(제72조), 헌법개정안에 대한 국민투표권(제130조 제2항) 등의 규정을 두고 있다.

신임투표(플레비시트), 국민발안제, 국민소환제 등에 대해서도 적극적으로 헌법규정으로 명시할 필요가 있다. 헌법개정 국민발안제는 1962년 헌법에 규정을 두었으나 유신헌법 이후 삭제되었다. 헌법개정과 법률 제·개정에 대하여 직접 국민이 제안할 수 있도록 하여 직접민주주의를 좀 더 강화하여야 한다. 국민소환제는 소환청구의 요건, 소환결정방법, 소환의 효과 등에서 다양한 견해가 있으므로 헌법에서 명시적 근거만 정하고 법률에 위임할 수 있을 것이다.

二. 요즘 시대에 필요한 인권

1. 내 정보 함부로 다루지 마 – 정보자유권

오늘날의 사회는 정보통신기술이 급속하게 발전하면서 개인정보에 관련된 인권침해가 빈발하고 있다. 우리나라의 경우 정보기술에 관한 한 세계 최고의 수준에 있어서 정보기술의 보급과 이용 면에서는 선진국이지만, 정보자유, 정보공개, 정보공유 등의 측면에서는 지극히 취약하고, 특히 정보보호의 측면은 세계적인 위험사회로 지적되고 있다. 이렇게 된 데에는 과거 독재권력이 효율적인 국민통제를 위하여 주민등록제도와 같은 개인정보시스템을 도입하고 개인정보를 보호대상이 아닌 통제와 감시의 대상으로 취급한 데에서 그 원인을 찾을 수도 있다.

새 헌법에서는 개인정보의 보호에 관한 **기본원칙**과 국가의 **개인정보보호의무**를 명시적으로 규정하여 하위법률의 근거로 하여야 한다. 기본원칙은 정보접근권, 정정 및 취소청구권, 제공 또는 공개에 관한 이의청구권, 손해배상청구권 등을 포함하여야 한다.

2. 나도 누릴 수 있게 해줘 – 신기술교육학습권

오늘날의 사회는 과학기술이 급속도로 발전하여 일상생활에서도 고도의 기술적 정보가 필요한 경우가 적지 아니하다. 따라서 정보화사회에서 삶의 방식을 습득하기 위한 사회교육시스템을 구축하고 필요한 정보를 학습할 수 있는 권리를 인정할 필요가 있다. 특히 4차

산업혁명시대에 정보를 알지 못하거나 습득하지 못하면 일상적인 생활에서도 불편함과 불이익을 감수해야 할 수도 있다. 일반적으로는 평생교육의 문제로 포섭될 수 있지만, 좀 더 특화된 분야로서 **신기술의 교육과 학습을 받을 권리**를 인정할 필요가 있다.

3. 나와 다르더라도 좀 봐주자 – 다를 권리와 평등권

오늘날 사회는 개인의 욕구와 기대가 매우 폭넓어지고 다른 나라 사람들의 삶과 행동을 접할 기회가 훨씬 많다. 폐쇄된 사회에서는 일정한 행위양식과 기준이 대부분의 구성원들을 기속하지만, 열린 사회에서는 욕구의 다양성과 생각의 차이, 선호의 차이가 다양하게 나타날 수 있다. 한 개인의 생각과 행동양식, 다른 나라의 사회적 관습, 사회적 행동 등이 서로 다름으로 인하여 차별에 따른 사회적 분쟁이 발생할 가능성이 점차 커지고 있다. 이러한 분쟁은 자신의 생각과 행위양식을 고집하고 타인의 그것을 용인하지 않는 데에서 나타난다. 어떤 사람의 생각과 행동이 나와 다르다고 하여 배척하거나 용인하지 않는다면 사회는 필연적으로 혼란스럽게 된다. 다른 종교, 다른 나라 관습, 다른 사람의 행동 등등에 대하여 관용하고 공존할 수 있는 사회를 만드는 것이 중요하다.

특히 개인적 선호와 관련하여 **동성혼**의 문제가 큰 사회적 쟁점으로 되고 있다. 현행헌법은 혼인을 명확히 규정하지는 않았지만, 전통적 의미로 이해하여 남녀의 결합만이 혼인이라고 함이 법원의 입장(서울서부지법)이다. 아울러 가족도 혼인을 통해서만 구성되는 것으로 이해하고 있다. 전통적인 **혼인의 개념**에 동성혼을 포함시키지 않는다면, 동성간 가족을 구성할 수 없다는 뜻이다. 따라서 헌법규정에서 적어도 혼인이라는 형태는 아니더라도 **가족을 구성할 권리**를 인정한다면, 동성혼의 문제는 해소될 가능성이 있다. 가족을 구성한 사람들끼리의 관계는 하위법률로 구체적으로 규정할 수 있을 것이다.

4. 함께 행동하자 – 연대권

현대사회는 한 나라만이 존재할 수 있는 것이 아니라 다른 나라와 필연적으로 연관되어 있다. 여러 나라에 걸친 강이나 호수의 개발이나 보존문제, 국경이 없는 기후·환경 문제, 국제문제로 되고 있는 난민문제 등 단순히 한 나라의 노력으로는 해결될 수 없는 문제들이 나타나고 있고 이러한 문제들은 관련국의 국민들이 공동으로 대응하여야만 올바로 해결될 수 있다. 이 경우에 문제해결을 위한 결사체를 결성하는 권리는 한 나라의 규범적 규율로는 충분하지 않다. 범인류적 관점에서 다른 나라의 사람들과 **연대할 수 있는 권리**를 폭넓게 인정하고 국제규범으로서 헌법에 수용할 필요가 있다.

5. 같이 느끼고 함께 누리자 – 문화권

현행헌법은 제9조「국가는 전통문화의 계승·발전과 민족문화의 창달에 노력하여야 한다」고 규정하여 문화영역을 국가의 의무라는 측면에서 이해하고 있다. 그러나 문화는 국가가 계승·발전시키거나 창달할 수 있는 것이 아니다. 오히려 국민 일반이 전통문화를 포함한 문화를 향유하고 문화활동에 참여하며 이를 계승·발전시키는 주체로 인식되어야 한다. 따라서 문화국가를 지향하되 전체 국민이 문화활동에 참여하고 문화를 충분히 향유할 수 있는 권리를 전제로 하여 국가가 그 지원과 조성의 의무를 가지는 것으로 이해함이 바람직하다.

세계인권선언 제27조는「모든 인간은 자유롭게 공동체의 문화생활에 참여하고 예술을 감상하며 과학의 진전과 혜택을 나눠 가질 권리를 갖는다」고 규정하였다. **문화권**은 복지국가적 관점에서 국가의 적극적인 조성과 개입을 통하여 더욱 잘 보장될 수 있다. 우리 헌법에서도 세계인권선언과 같은 규정을 둘 필요가 있다.

6. 이 나라에서 살게 해줘 – 망명권?

망명권은 일정한 지역에 들어온 범죄인이나 피난자를 자국으로 인도되지 않게 보호하는 국제법상의 권리로서 비호권이라고도 한다. 오늘날의 세계는 이러저러한 이유로 자신의 나라에서 살지 못하고 다른 나라로 이주하거나 피난을 하는 사람들, 즉 난민(refugee)이 점증하고 있다. 통상 난민이라 할 때에는 인종, 종교 또는 정치적, 사상적 차이로 인한 박해를 피해 외국이나 다른 지방으로 탈출하는 사람들을 말한다. 오늘날에는 기후변화나 인간의 삶에 의해 야기된 생태환경의 변화로 인하여 발생한 난민, 즉 기후난민, 환경난민도 나타나고 있다. 이는 전 세계적으로 급속히 진행되고 있는 삼림파괴, 급격한 인구증가로 인한 빈곤, 지구의 사막화, 가뭄·홍수·해일 등 자연현상과 인위적인 생태계 파괴 등 여러 가지 요인에 따라 생겨난다.

망명권은 두 가지 측면을 갖는다. 하나는 우리나라 국민이 다른 나라로 이주하거나 피난하는 경우이고, 다른 하나는 외국인이 자신의 나라로부터 우리나라에 이주 혹은 피난하는 경우이다. 전자의 경우에는, 우리나라 국적이탈의 자유와 관련되므로 우리 국민의 권리로 인식할 여지가 있다. 후자의 경우에는 우리나라 국민의 권리라기보다는 범인류적 권리로서 자신의 나라를 피해 다른 나라로 갈 권리를 의미한다. 두 측면을 고려할 때 망명권을 헌법상 권리로 인정하는 것은 문제가 있다. 세계인권선언과 같이 국제법적 규율에서는 망명권을 기본적 권리로 인정할 수 있지만, 한 국가 내의 헌법에서 망명권을 인정하는 것은 다른 나라 사람의 기본적 권리를 규정하는 것이므로 헌법체계적으로는 맞지 아니하다. 다만, 국제법존중주의의 차원에서 국제법규에 따라 그리고 국내적으로는 법률에 따라 **난민**을 보호한다는 정도의 규정은 필요하다.

우리나라의 경우에는 헌법규범적으로는 북한주민이 남한(대한민국)의 국민이며, 남한주민이 북한(조선민주주의인민공화국)의 인민이 되는 이중적 지위가 부여되어 있으므로, 남북한의 주민과 남북한 각 정부 사이에는 난민의 문제는 발생하지 아니한다. 다만 제3국의 입장에서는 남북한 모두 국제법상 국가이므로 탈북민에 대하여 난민문제로 인식할 수 있다.

7. 내 문제 해결해줘 – 법률구조청구권

오늘날의 사회와 국가는 법치주의를 근간으로 한다. 한 개인의 삶으로부터 국가의 전 영역에 이르기까지 철저히 법적 방식으로 형성되고 유지·존속된다. 개인들은 자신의 삶의 영역에서 일어나는 여러 다툼이나 어려움에 부딪힐 경우에 헌법에 규정된 재판청구권을 통하여 국가로 하여금 문제를 해결해 주도록 요구할 수 있다. 문제가 범죄와 관련된 경우에는 개인의 고소·고발을 통하여 혹은 국가가 직접 나서서 문제를 해결한다. 문제가 범죄와 관련이 없는 경우에는 사적 자치에 의한 해결을 도모하되 국가가 제3자로서 심판관으로 기능하거나 문제해결의 조력자로 될 수 있다. 그런데 개인이 재판청구권을 행사하기 위해서는 적지 않은 비용이 들고 현실적으로 재판청구권을 기대만큼 행사하지 못하는 경우가 많다. 이런 경우에 국가로 하여금 저비용으로 개인의 분쟁해결을 지원할 수 있게 하는 것이 **법률구조청구권**이다.

새 헌법에서는 경제적·시간적·지역적 기타의 사유로 효과적인 권리구제를 받을 수 없는 사람이 국가에 대하여 법률구조를 청구할 수 있도록 근거규정을 두는 것이 바람직하다.

제 5 장

나라는 어떻게 조직할까? – 국가조직

一. 정부형태는 어떻게 하나

1. 정부형태를 정하는 지향점과 원리

그동안 우리나라의 정부형태는 대통령제가 주류적이었고 다른 정부형태는 거의 경험하지 못하였다고 생각된다. 제2공화국 당시 의원내각제가 채택되기도 하였지만, 1년여 기간 동안 정상적으로 작동하지 못한 채 5·16쿠데타로 인해 무산되었기 때문에 제대로 경험하지 못하였다.

1948년 정부수립 이후 이어진 대통령제는 제도적으로나 운영의 측면에서나 권위주의 독재체제를 뒷받침하는 기제로 작용하였고, 집권자 스스로 헌법을 자신의 독재체제를 강화하는 도구로 이용하였다. 유신헌법이 종말을 고한 이후 제5공화국이 수립되었으나 '제2의 유신헌법'으로 평가되었고, 1987년 6·10 민주화항쟁 이후 성립된 현행헌법조차도 대통령직선제라는 포괄적인 국민적 요구를 담아내었을 뿐, 헌법의 세부사항들에 대한 면밀한 검토를 거치지 못한 채 졸속으로 개정되었다. 다만, 대통령의 권한이 가장 강력하였던 유신헌법에서 제5공화국 헌법 그리고 현행헌법으로 이어지면서 대통령의 권한을 약화시키고 국회와 사법부의 권한을 강화하여야 한다는 요구가 구현되었다는 점은 인정할 수 있다.

비록 이전의 헌법들에 비해 대통령의 권한이 상대적으로 약화되기는 하였으나, 현행헌법상의 대통령의 권한조차도 규범적으로뿐만 아니라 실제 헌정운영과정에서도 대통령의 무소불위의 권한으로 말미암아 소위 '제왕적 대통령제'라는 비판을 면하기 어려웠다.

앞서 새로운 시대의 헌법을 위한 지향점들을 지적하였거니와, 이들 지향점들 중에서 정부형태와 관련되는 것들을 지적한다면, 다음의 몇 가지를 들 수 있다.

첫째, **수직적 질서**로부터 **수평적 질서**로 이행하는 것이다. 권력의 수평화는 근대헌법의 핵심가치이자 오늘날에도 마찬가지로 요구되는 원리이다. 현행헌법을 포함하여 과거의 헌법이 가졌던 수직적 권력체계를 수평화하여 권력 간의 견제와 균형을 실질적으로 이루어지도록 하는 것이 입헌민주적 헌법을 구현하는 첫걸음이 될 것이다.

둘째, **중앙(집중) 지향**에서 **지방(분산) 지향**으로 이행하는 것이다. 권력은 그 속성상 집중과 획일을 지향하지만 그 결과는 필연적으로 독재로 이어진다. 따라서 권력 자체가 집중되지 않도록 분산하고 다원화하는 것이 중요하다. 권력의 분산 지향은 국가권력의 수직적 및 수평적 구조 모두에 적용되어야 한다. 국가권력의 수직적 분산은 지방분권의 강화를 의미하고 수평적 분산은 정부구성의 기본원리인 권력분립원칙이 실질적으로 구현되어야 함을 의미한다.

셋째, **권력 지향**에서 **기능 지향**으로 나아가야 한다. 우리 헌정의 경험에서 볼 때 국가기능은 전반적으로 국가권력의 형성과 장기집권의 수단으로 이용되었다. 예컨대, 국가의 형사법집행기능이 정치권력의 정치적 반대자들을 억압하고 무력화하는 데에 이용되거나, 국가의 감찰기능이 집권정치세력의 불법 혹은 탈법을 은폐하는 데에 이용되는 등, 국가기능이 권력에 기여하고 복무하도록 이용되는 경우가 적지 않았다. 국가기능의 실행과정에서 권력적으로 작용하더라도 이는 당해 기능과 목적에 한정하는 것이어야 하지 다른 기능을 침해하거나 다른 목적을 위하여 사용되어서는 안된다.

넷째, **효율성 지향**에서 **합리성·합법성 지향**으로 이행하여야 한다. 민주주의는 다양한 측면의 가치를 가지지만, 무엇보다도 중요한 것은 의사결정과정의 합리성이다. 이 의사결정의 합리성이 법치주의와 결합하여 합법성을 획득하게 된다. 새로운 정부형태의 구상은 국가정책결정의 합리성과 합법성이 보장될 수 있어야 한다. 특히 행정부의 최고의사결정기구인 국무회의는 수직적 권력구조 하에서는 대통령의 명령을 수행하기만 할 뿐 이의를 제기하거나 비판할 수 있는 구조가 아니다. 따라서 행정부 최고의사결정기구로서의 국무회의가 활발한 토론과 비판 그리고 의견수렴을 통하여 의결기구로서 최종적인 국가의사결정에 이를 수 있도록 제도화할 필요가 있다.

다섯째, **대립 지향**에서 **협치 지향**으로 이행하는 것이다. 국가권력구조의 반영인 정부형태는 전체로서의 국가의 정책결정과 그 집행에 기여하는 것이어야 하는 바, 분립된 국가기관 내부에서 혹은 그 사이에서 극단적 대립을 초래한다면 국가의 정책결정과 집행의 과정도 또한 끝없이 표류하는 결과를 낳을 것이다. 따라서 헌법에서 극단의 대립을 완화하고 협치로 나아갈 수 있는 제도구조를 정함으로써 건전한 대립과 타협 그리고 협치를 구현할 수 있도록 제도적 장치를 설정하여야 할 것이다.

2. 지금까지의 논의 개괄

1) 정부형태의 의의와 기본형태

정부형태는 넓은 의미로는 특정국가의 헌정체제로서 국가기관 전반의 구조와 관련된다. 즉 통상적인 권력분립원칙에 따른 입법부, 집행부 및 사법부의 구조와 함께 수평적으로는 오늘날 감사원이나 인권위원회와 같은 독립기관도 정부형태의 결정에 적지 않은 영향을 미치고 있다. 뿐만 아니라 국가계약의 산물로서의 연방국가나 지방분권의 실현태인 지방자치제도도 또한 헌정체제의 종류와 성격을 결정하는 데에 적지 않은 영향을 미치고 있다.

이에 대해 좁은 의미로는 입법부와 집행부 사이의 관계를 의미하는 것으로 볼 수 있다. 하지만, 좁은 의미의 정부형태는 넓은 의미의 정부형태의 한 내포로서 양자는 불가분적으로 연계되어 있다. 왜냐하면 좁은 의미의 정부형태는 필연적으로 넓은 의미의 정부형태의 기본구조에 따른 권한의 범위 및 배분에 영향을 받기 때문이다.

현재의 시점에서 제시되고 있는 다양한 개헌안들에서는 헌법개정과 관련된 정부형태의 논의는 주로 좁은 형태의 정부형태에 관한 논의에 집중되어 있다.

2) 각 정부형태별 특징과 장단점

강학상 혹은 현실정치적 현상에서 언급되고 있는 정부형태의 기본형태는 의원내각제, 대통령제, 이원정부제(분권형 대통령제, 분점정부제, 책임총리제), 의회정부제, 소비에트제 등 개별국가의 역사적 및 정치적 경험에 따라 유형화되어 논의되고 있다. 이하에서는 대통령제와 의원내각제 및 이원정부제의 특징에 대하여 간단히 살펴본다.

대통령제

특징: 대통령제는 의원내각제와 달리 행정부가 의회의 신임에 기초하지 아니하고 이원적으로 구성된다는 점에 특징이 있다. 즉, 대통령제는 입법부와 행정부의 조직과 활동이 '**독립성의 원리**'에 의해서 지배되는 정부형태이다.

대통령제의 본질적 요소는 ⅰ) 행정부 구성원이 의회의 의원을 겸직할 수 없고, ⅱ) 대통령의 의회해산권과 의회의 행정부 구성원에 대한 불신임권이 인정되지 않으며, ⅲ) 행정부에 법률안제출권이 없고, ⅳ) 행정부 구성원은 의회의 요구가 없는 한 의회출석·발언권이 없다는 점 등을 들 수 있다.

대통령제가 민주적으로 운영되기 위해서는 엄격한 권력분립원리에 의하여 입법권, 행정권, 사법권이 독립적으로 조직되고 견제와 균형을 이루며 권력남용을 차단할 수 있도록 되어야 한다. 특히 대통령제를 창안한 미국의 예를 비추어 보면, 수직적 권력분립으로 연방제 등 지방분권을 강화하여 권력의 중앙집중을 완화시키는 것이 중요한 제도적 성공요인이라 할 수 있다.

장점: 대통령제는 대통령 임기 동안 행정부가 안정되어 국가의 정책이 계속성을 가지며 행정부가 강력한 행정을 수행할 수 있으며, 국가적인 위기상황에서 신속한 대응이 가능하고 대통령의 법률안거부권 등으로 국회의 졸속입법을 방지할 수 있다는 것 등이 지적되고 있다.

단점: 대통령제의 가장 큰 단점으로는 대통령의 권한이 막강한데 비하여 국회에 대해서 책임을 지지 않기 때문에 독재화 경향이 나타날 수 있다는 점이 지적된다. 현실적으로도 대통령제가 미국 이외의 나라에 이식된 경우 거의 대부분 독재화로 이행되었던 경험이 있었다(아시아, 남미의 경우). 물론 시간의 경과에 따라 민주주의가 성숙되어 독재로부터 벗어난 나라들도 있지만, 운영 여하에 따라서는 독재로 흐를 위험을 언제나 안고 있다고 보여진다. 대통령제는 또한 권력분립원리에 충실한 결과 입법과 행정이 불필요하게 분립하여 국정의 통일적 수행이 어렵게 되거나 여소야대정국 등에서 대통령과 입법부 간의 충돌이 해결되지 못하면 조정할 방법이 없게 될 우려가 있고, 대통령의 무능이나 실정에 대해서 임기 동안 책임을 묻기가 어려운 점도 단점으로 지적되고 있다.

의원내각제

특징: 의원내각제는 의회에서 선출되고 의회에 대해서 정치적 책임을 지는 내각 중심으로 국정이 운영되는 정부형태로서, 권력의 공유와 조화의 원리에 따라 집행권의 형식적인 이원화(대통령 · 내각) · 실질적 일원화, 의회의 정부불신임권, 정부의 의회해산권 등의 세 요소를 핵심으로 한다. 의회와 내각이 조직 · 활동 · 기능상으로 상호 의존

하는 '**의존성의 원리**'에 의하여 규율되는 정부형태이다. 말하자면, 행정부가 의회에 기반을 두는 일원적 구성이 특징이다. 의원내각제의 본질에 대한 법적 규명에는 집행권과 입법권 사이의 균형을 중시하는 균형이론과 정부가 의회의 소수파로 전락한 경우에 그 정치적 책임에 따라 정부가 사직한다는 책임이론이 있지만, 다양한 나라들의 헌정의 경험에 비추어 보면 어느 것도 완전하지 않다.

역사적으로 의원내각제는 고전적 의원내각제, 영국식 내각책임제(수상정부제), 합리화된 의원내각제(독일) 등으로 전개되어 왔으며, 개별국가의 정치적 경험과 전통에 따라 다르게 나타나고 있다.

의원내각제의 본질적 요소는 ⅰ) 의회의 내각불신임권과 내각의 의회해산권, ⅱ) 의원직과 각료의 겸직허용, ⅲ) 내각의 법률안 제출권과 각료의 자유로운 의회출석·발언권, ⅳ) 내각 내에서의 수상의 우월적 지위, ⅴ) 잠재적 여당으로서의 소수 보호제도 등을 들 수 있다.

장점: 의원내각제는 이론상으로는 민주주의원리에 가장 충실한 제도라는 장점이 있다. 즉, 국민을 대표하는 의회의 다수파에 의하여 정부가 구성된다는 점에서 가장 민주적인 정부형태라고 할 수 있다. 또한 정부와 의회가 대립할 경우, 정부불신임 혹은 의회해산을 통해 새로운 정부의 구성이 가능하므로 쉽게 그 대립을 해소할 수 있다. 이는 또한 정부의 책임성을 제고할 수 있다는 점에서 대통령제에 비해 우월하다고 할 수 있다.

단점: 의원내각제의 가장 큰 단점은 의회의 다수파가 과반수가 되지 못하는 경우 정국이 지속적으로 불안할 수 있다는 점이다. 과거 프랑스의 제3·4공화국의 경우 정당의 난립으로 인해 의회와 정부 사

이에 불신임과 해산이 반복되었고, 그에 따라 정국이 극도로 불안정하였던 경험을 갖고 있다. 이러한 정국의 불안정을 극복하기 위하여 고안된 제도가 독일의 건설적 불신임투표제도이다. 건설적 불신임투표제 하에서는 불신임안이 제출된 경우, 숙려기간을 거쳐 차기 총리를 선출하지 못하면 불신임할 수 없게 하는 제도이다.

이원정부제(분권형 대통령제)

특징: 이는 절충형 정부형태로서 의원내각제와 미국식 대통령제의 중간적인 모델을 총칭하는 개념이다. 대통령의 권한을 의회와 나누어 갖는다는 의미에서 분권형 대통령제라고도 한다. 이원정부제는 바이마르 공화국 헌법에서 성립기원을 찾을 수 있으며, 프랑스, 핀란드, 오스트리아, 아이슬란드 등 유럽의 여러 국가들이 채택하고 있는데, 이 제도의 역사적 성립배경이나 연혁을 보면 기본적으로 오랜 의원내각제 전통 위에서 그 제도의 운영과정을 통해 드러난 문제점을 극복하기 위한 방안으로 대통령제적 요소를 일부 가미한 혼합형 내지 절충형 정부형태이다.

이원정부제의 본질적 요소는 대통령제적 요소로서 국민의 보통·직접선거에 의한 대통령선거와 의원내각제적 요소로서 의회의 대정부 불신임권이라고 할 수 있다.

분류: 절충형 정부형태에 대하여 행정권의 이원화 유무와 대통령제와 의원내각제의 상호 가미정도에 따라 ⅰ) 행정권이 이분된 경우(대통령제적 이원정부제(핀란드, 프랑스)와 의원내각제적 이원정부제(오스트리아, 터키)), ⅱ) 행정권의 분할과 상관없이 양 제도의 요소가 가미된 경우(의원내각제적 요소가 가미된 대통령제(포르투갈, 한국, 남미 각국), 대

통령제적 요소가 가미된 의원내각제(아이슬란드, 이탈리아, 독일, 이스라엘))로 나눌 수 있다.

장단점: 이원정부제에서 대통령과 수상(총리) 간의 권한배분이 모호할 경우에 정치적인 갈등이 나타날 수는 있지만, 이는 단지 이원정부제에서 비롯한다기보다는 각 국가의 역사적·사회적 상황, 정당체제와 정당구조 등을 종합적으로 살펴야 제대로 이해할 수 있다.

이원정부제는 헌법규정 외에 여러 요인들 특히 의회 내 정파의 세력분포와 정당간 상호작용 등 복합적인 작용에 따라 다른 권력구조 즉 대통령중심제와 내각책임제에 비하여 정치과정의 가변성이 더 큰 구조이다.

3) 각계 제안의견

현재 우리나라의 개헌논의는 소위 '87년 체제가 20년 정도 지속된 이후 동 체제의 역사적 및 정치적 경험에 기초하여 새로운 헌법이 필요하다는 현실적 요구가 나타나기 시작하였고, 이러한 요구는 헌법학적 측면과 정치학적 측면 모두에서 구체적으로 논의되기 시작하였다. 한국헌법학회와 한국공법학회에서는 2006년에 헌법개정시안들을 제시하였고, 정치학계에서도 특히 권력구조개헌에 관한 연구들이 축적되기 시작하였다. 약 10여 년의 기간, 특히 이명박 정부와 박근혜 정부가 집권한 동안 대통령의 권한이 지나치게 비대하여 이른바 '제왕적 대통령제'로 일컬어지면서 헌법개정에 대한 요구가 강력하게 대두되었다.

2017년 10월 현재 그동안 제시되었던 헌법개정안들 중 정부형태에 관한 내용을 개괄하면 다음과 같다.

제18대 국회의장 헌법연구자문위원회(김종인)안(2009년)

1안) 이원정부제

• 국민직선 대통령: 5년 단임, 국가의 존립과 안전 보장자, 헌법 수호자, 법률안 서명·공포, 전쟁선포, 계엄선포, 긴급명령권, 국무회의 의장, 사면권, 헌법기관구성권(형식적 임명권)
• 국부회의는 심의기구
• 국무총리: 양원제 하에서 하원이 과반수로 선출한 자를 대통령이 임명. 일상적 국정통할, 국무회의 부의장, 내각회의 의장, 내각통할권, 법률안 제출권, 법규명령 제정권, 국군통수권, 긴급재정경제명령·처분권
• 건설적 불신임투표제 도입
• 국무총리가 하원에 신임투표 요청 가능(불신임 시 내각 연대책임)
• 국무위원은 국무총리가 내각구성권 보유, 대통령은 형식적 임명권

2안) 대통령제

• 대통령(직선, 5년 단임 내지 4년 중임), 부통령제 채택
• 국무회의 삭제
• 권한은 현행제도와 유사하나, 헌법기관구성권을 국회로 일원화(형식적 임명권)
• 각료 의원 겸직금지
• 대통령궐위 시 부통령 승계

제19대 국회의장 헌법개정자문위원회(김철수)안(2014년) – 분권형 대통령제

- 국민직선 대통령, 6년 단임, 당적 이탈, 통일 · 외교 · 안보 · 국민통합 등 장기적 관점의 권한만 행사, 통일정책심의회의 · 외교안보정책심의회의 · 국민통합심의회의 등의 의장
- 국무회의출석 · 발언 및 소집요구권, 긴급권, 법률안거부권(총리제청), 외교 · 군사권 유지
- 대통령권한대행은 참의원의장, 민의원의장 순
- 국무총리는 민의원에서 과반수로 선출, 30일 이상 지연시 대통령이 총리 지명 가능
- 건설적 불신임제 도입, 총리 선출 후 1년 이내 불신임 시 재적 3/5 이상 찬성 요구, 최소 임기 1년 보장하도록
- 총리는 행정각부 실질적 통할, 국무회의 의장
- 민의원해산은 의원임기 시작 후 1년 이내 금지, 해산제청 후 후임총리 선출시 해산권 소멸

대화문화아카데미안(2016년) – 분권형 대통령제

- 대통령 국민직선(과반수 기준 결선투표제 도입), 6년 단임
- 궐위 시 참의원의장, 민의원의장 순 권한대행, 직무수행불능 여부 헌재결정
- 총리는 민의원에서 과반수 선출, 대통령 임명, 민의원 임기개시일 후 2개월 내에 선출 못할 경우 대통령이 민의원 해산
- 장관은 총리의 제청으로 대통령이 임명
- 대통령은 법률안거부권(총리제청), 위헌여부심판제청권, 사면

권, 조약비준권, 영전수여권 등을 가짐

• 총리는 대통령권한 이외의 집행권을 가지며, 국군통수권, 긴급명령권, 계엄선포요청권 등 포함

• 민의원의 내각불신임권과 총리의 민의원해산권을 대응시키되, 건설적 불신임투표제 채택(내각구성 후 1년 이내 불신임 불가, 개별장관 불신임 가능, 단 총리불신임 시 연대)

• 외치 · 내치로 구분하지 않고 집행권한의 행사를 총리의 주도로 하되 대통령이 견제 및 통제하는 구조

헌법개정국민주권회의안(2016년) – 분권형 대통령제 – 2014년 자문위원회안과 유사

• 대통령 국민직선, 4년 중임, 궐위 시 하원의장, 상원의장 순 권한대행, 직무수행 불능 여부 헌재결정

• 총리는 하원 과반수로 선출, 단 궐위 후 30일 이내 불선출 시 대통령이 임명

• 장관은 총리 제청으로 대통령 임명, 단 대통령권한 관련 장관은 총리의 의견을 들어 대통령 임명

• 하원의 총리불신임권, 단 1년 이내 불신임 시 하원 2/3 동의로 후임총리 선출하여야

• 총리, 장관에 대하여 불신임 가능(1/3 발의, 과반수 의결)

• 대통령은 통일정책심의회의, 외교 · 안보정책심의회의, 국민통합심의회의 등의 의장이 됨

• 총리는 행정각부 실질적 통할

• 대통령 긴급권, 계엄선포권 가짐

우윤근 외 12인안(2013년) – 국민직선 분권형 대통령제

- 대통령 국민직선, 4년 중임
- 대통령은 국민투표부의권, 조약체결·비준권, 국군통수권, 긴급명령권, 계엄선포권, 공무원임면권, 사면권 등 열거된 권한만 행사
- 총리는 대통령이 제청하여 국회가 재적과반수로 선출, 과반을 얻지 못할 경우 국회 주도로 총리 선출
- 총리가 국무위원 임면 제청, 국무회의 의결기구화
- 건설적 불신임투표제도, 총리의 신임요구제도

4) 우리 헌정사에서 대통령제는 어떤 문제를 안고 있었나 – 독재적 대통령제를 가능하게 했던 요소들

대통령의 국회 지배수단

대통령이 국회를 지배하는 것은 소속정당을 통하여 행해진다. 대통령은 소속정당을 통제하기 위하여 정당공천제와 의원각료겸직제도를 적극적으로 활용한다. 우리나라 헌정사에서 대통령이 정당공천에 개입하여 소속정당을 지배한 사례는 따로 들 필요가 없을 만큼 매우 많다. 국회의원 선거가 있을 때에는 **공천권**을 통하여 지배하지만, 평상시에는 **각료겸직**을 적극 활용하여 국회의원 개인에게 장관직을 제안하여 자신의 의사에 따르도록 조종한다.

유교적 국가의식과 인생관을 가진 의원들은 소위 정승판서로 입각함으로써 자신과 가문의 영달을 추구하며, 대통령은 왕의 지위에서 정당소속 의원들에게 선심쓰듯 각료직을 제공하고 자신에 대한 충성

을 이끌어낸다.

대통령은 국정 전반에 대한 실질적인 지배력을 갖기 위하여 비서실을 최대한 강화하고 내각은 사실상 무력화시키는 구조로 운영하여 행정각부의 장의 직을 명예직으로 폄하시키고 이를 국회지배수단으로 활용하는 것이다.

대통령의 사법부 지배수단

국가권력의 한 축인 사법부는 유신헌법 이래 철저히 대통령종속적 구조로 개악되었다. 3공화국까지는 최소한 법관추천회의와 같은 회의체에서 대법관 및 대법원장을 추천하고 국회의 동의를 얻어 대통령이 임명하는 구조를 두었으나, 유신헌법은 대법원장만 국회의 동의를 얻어 대통령이 임명하는 규정을 두고 대법원판사를 포함한 법관들은 대통령이 대법원장의 제청으로 임명할 수 있게 하고 있었다. 이후 제5공화국 헌법 이후 대법원장과 대법원판사는 국회의 동의를 얻어 대통령이 임명하도록 헌법에 규정을 두게 되었지만, 이러한 임명방식은 현행헌법에서도 그대로이다(대법원판사의 명칭만 변경). 사법부가 대통령에 종속되도록 한 규정들이다.

대통령의 권력기관(검찰·경찰, 군부, 정보기관) 장악

정부수립 초기에 이승만 정부는 독재권력이 되는 과정에서 제도적 측면보다도 사실적 힘에 의존하였던 측면이 강하였지만, 박정희정부는 사실적 힘뿐만 아니라 제도적 측면에서도 독재화를 추구하였다(특히 유신헌법). 사실적 힘의 원천이었던 검찰·경찰, 군부, 정보기관 등을 철저히 장악하고 이들에 대한 적절한 통제와 조종을 통하여 독재권력을 구축하였다. 이 권력기관들에 대한 법적 통제장치는 거의 전무하였다. 이 기관들은 헌법은 물론 법률에서조차도 전혀 규제받지 않는 무한의 권력을 향유하였으며, 독재자는 이 기관들 사이의 대립과 경쟁을 교묘히 이용하여 자신의 권력을 유지하고 독재적인 수직적 질서의 꼭대기에 자리잡았던 것이다.

국가의 핵심기관들을 수직적으로 구조화하는 것은 그 하부 국가기관들에도 거의 예외없이 영향을 미쳤고, 전 국가를 **수직적·획일적 구조**로 만들었다.

3. 수평적 권력질서를 위한 기본전제들

1) 시민사회영역을 강화하자 – 국민주권의 실질화

촛불혁명에서 나타난 가장 큰 현상은 국민 스스로 주권자임을 자각하고 국가를 자신의 힘으로 변화하게 하였다는 점이다. 이는 국가우월적 지배구조를 시민사회우월적 지배구조로 바꾸는 가장 큰 동력으로 작용하고 있다. 국가권력이 시민사회로부터 유래하고 국가가 시민사회에 대한 보조적·조성적 권력으로 구성됨으로써 민주주의와 법치주의가 조화를 이루는 입헌민주적 규범국가가 성취될 수 있다.

수평적 권력구조를 위해서는 시민사회영역이 국가권력을 감시하고 제한하는 제도적 장치를 헌법에 규정하여야 한다. 국가권력 자체에 모든 시민이 참여할 수는 없지만, 권력형성단계에 관련된 제도적 장치, 즉 정당과 선거제도를 국민주권원칙을 실질적으로 구현할 수 있게 제도화하고, 권력집행단계에서도 다양한 정치적 의사를 수렴하는 장치, 예컨대 각종 정부위원회와 의견수렴제도들에 적극적으로 참여할 수 있는 통로를 열어두어야 한다.

2) 지방분권을 실현하자 – 연방수준의 지방분권

앞서 지적한 바와 같이, 현 시점에서 요구되는 또 다른 지향은 **분산화**이다. 집중된 권력은 필연적으로 개인과 사회를 왜곡시키고 무기력하게 만든다. 따라서 중앙에 집중된 권력을 지방으로 분산시키고 거의 연방국가 수준으로 국가권력을 수직적으로 분산시킬 필요가 있다. 중앙정부의 국가권력구조뿐만 아니라, 예컨대 사법제도도 또한 지방적으로 분산화하여야 한다. 지방의 인적·물적 요소들이 중앙에 집중되는 현상을 차단하여야만 전체 국가의 균형있는 발전과 건강성이 확보될 수 있다.

3) 협치를 전통으로 만들자

과거 우리나라의 권력기관들은 대통령을 수반으로 하는 행정부 중심으로 수직적으로 구성되어 기관들 사이에 **협치**에 의한 국가운영보다는 일방적이고 강압적인 명령과 대립으로 점철되었다. 민주주의와 법치주의를 그 핵심내용으로 하는 입헌민주적 규범국가는 국민을 위하여 국가기관들이 서로 협력하고 지원하는 구조로 바뀌어야 한다.

특히 국민대표기관인 국회에서 협치는 더욱 중요한 덕목이다. 정치의 장인 국회에서 다양한 국민들의 요구와 정책들이 제한없이 제기되고 그에 대한 적극적인 토론과 합의 그리고 합리적인 결론에 도달할 수 있도록 하여야 할 것이다.

4) 기 타

위에 언급한 사항들 이외에도 권력분립원리를 실질적으로 구현하기 위하여 입법부 및 사법부 구성을 각각의 기능적 특성에 맞게 제도화하여야 할 것이며, 감사원, 인권위원회, 신문방송관련기관 등 헌법상 독립기관의 권한도 적절하게 규정하여야 할 것이다.

4. 제 안

앞에서 현재까지 제시되어 있는 다양한 헌법개정안들 중에서 정부형태를 개괄적으로 서술하였는데, 필자의 입장에서 다음과 같은 정부형태를 제안하고자 한다.

먼저, 대부분의 개정안에서 제안하고 있는 바와 같이, **분권형 대통령제**에 동의한다. 다만, 대통령과 총리의 관계에 관해서는 약간의 다른 견해를 제안하고자 한다.

대통령의 경우, 국민직선에 의하되, 4년 중임제를 택하고, 총리는 양원 중 하원에서 과반수(혹은 3/5)의 찬성으로 선출하게 한다. 하원에서 과반수(혹은 3/5)의 정당이 있다면 그 당의 의사에 따라 총리가 선출될 것이지만, 그렇지 못한 경우에는 반드시 다수당과 다른 정당 사이에 **연합정부**를 구성할 수밖에 없다. 대통령이 속한 당이 소수당이라 하더라도 하원에서의 다수당과 연합할 수 있다. 이때 국회 내에서 실질적으로 정당 사이에 협치를 통해 내각구성에 대한 타협이 이루어질 수밖에 없고 자연스럽게 내각의 적절한 배분이 이루어질 것이다. 만약 일정기간(30일) 내에 총리선출이 되지 못하는 경우에는 대통령이 **직접 총리를 임명**할 수 있도록 한다.

(하원에서 타협된) 국무위원은 총리가 전권으로 대통령에게 임명을 제청하고 대통령은 총리의 제청에 따라 국무위원을 임명한다.

대통령과 총리는 임명된 국무위원들과 함께 국무회의의 구성원이 되고 대통령이 **국무회의의 장**이 된다. 국무위원들은 각부의 장관을 겸한다.

국무회의는 심의기구가 아닌 **의결기구**로 하여 국가의 중요정책에 대하여는 반드시 국무회의의 의결을 거치도록 한다. 이는 행정 각부의 장을 담당하는 국무위원들의 권한을 실질적으로 행사하게 하여 책임성을 강화하기 위한 것이다. 또한 대통령비서실의 권한과 기능을 약화시켜 대통령에 의한 자의적 정책결정 및 집행을 방지한다.

대통령과 총리 사이의 권한에는 별도의 구분을 두지 아니하고 대통령을 행정부의 수반으로 하되, 국무회의의 의결기구화를 통해 적절한 권한행사와 통제를 도모한다.

국무회의에서 대통령의 의사와 다른 결과가 의결될 경우에, 대통령은 필요하다면 총리를 포함한 **국무회의를 해산**하고 국회에 새로운 총리를 선출해 줄 것을 요구할 수 있게 한다. 이때 총리는 하원에 자신에 대한 신임 여부를 물을 수 있게 하여 하원이 당해 총리의 지위를 그대로 유지할 것인지 혹은 새로운 총리를 선출할 것인지를 결정하도록 한다. 하원이 총리를 그대로 유지하는 의결을 하는 경우에 대통령이 하원을 **해산**할 수 있게 한다.

하원이 총리 이하 국무회의에 대하여 불신임하는 경우에는, **건설적 불신임제**와 같은 일정한 요건 하에 불신임의결을 할 수 있게 하고 이때 대통령은 새로운 총리와 그에 의한 내각을 구성하도록 한다. 건설적 불신임제도는 총리 취임 1년 이내에는 불신임을 할 수 없게 하고, 1년이 지난 후 불신임하더라도 반드시 차기 총리를 선출한 후에 불신임하도록 하는 방법이다. 차기 총리를 선출한다는 것 자체로 내각에 대한 불신임이 성립한다.

이것은 하원과 내각 사이의 **불신임권**과 **의회해산권**을 변형된 형태로 제도화하는 것이다. 뿐만 아니라, 기존에 제안되어 있는 여러 안들에서 외치·내치의 구분이나 대통령의 권한에 대한 열거적 제한 등의 방안을 배제하고 행정의 통일성을 확보하는 방안이 될 수 있을 것이다.

二. 지방분권-내 지역은 내 뜻대로

1. 지방자치를 헌법적으로 기초지우자

1) 민주주의와 지방자치

일반적으로 민주주의를 가장 간단히 말 그대로의 의미를 설명하는 경우에, 보통 다수에 의한 지배라고 한다. 현재 주어진 과제에 대하여 '지금, 여기'에서 가장 적절한 결론을 내리기 위하여 더 많은 다수가 선택하는 결론을 최종적인 결론으로 택하고 이를 실행하는 것이다. 물론 이때의 다수는 우중(愚衆)이 아니라 현명한 인민, 즉 **현민(賢民)**이어야 한다. 현민은 결정의 주체로서 자신에게 주어진 과제를 스스로 판단하고 스스로 행동하며 또한 그 결과에 스스로 책임지는 주체적 행위자이다.

지방자치와 민주주의의 관계에 대해서는 많은 학자들이 그 밀접한 관계를 언급하고 있다. "지방자치란 민주주의의 최상의 학교이며 민주주의 성공의 보증서"(J. 브라이스)라거나, "지방자치는 자유의 보장을 위한 장치이고 납세자의 의사표현수단이며 정치의 훈련장"(J. S. 밀)이라거나, "지방자치정부는 민주주의의 고향"(J. J.스미스)이라고 하고 있다. 이러한 언급들은 민주주의를 달성하기 위해서는 지방자치가 필수적인 제도임을 더욱 명확히 보여주는 것이라 하겠다.

많이 쓰이는 표현으로 **풀뿌리 민주주의**(grass-roots democracy)라는 표현이 있는데, 이 표현에는 약간의 오해가 있다. 통상 풀뿌리 민주주의라고 하면서, 지방자치가 민주주의의 풀뿌리라고 이해하는 경우가 있지만, 이는 'grass-roots'를 말 그대로 '풀뿌리'로 해석하여 민주주의와 결합하여 사용한 것이다. 그러나 'grass-roots'의 사전적 의미에는 '대중, 서민, 민중, 민초'라는 뜻도 있기 때문에, 정확히 말하면, '대중민주주의', '서민민주주의', '민중민주주의', '민초민주주의' 등으로 번역할 수 있을 것이다. 다만 이러한 표현들은 시대적 영향으로 잘못 오해될 가능성도 없지 않다. 'grass-roots democracy'를 우리나라의 전통적인 표현으로 민본(民本)이라는 말을 차용하여 **민본민주주의**라고 불러도 좋을 것이다.

아무튼, 지방자치는 민주주의의 완성을 위하여 필연적으로 갖추어야 하는 요소이다. 지방자치가 실질적으로 확립되지 않은 나라는 그 존재형식이 어떠하든 결코 민주주의국가라 할 수 없다.

오늘날 민주주의가 더욱 성숙해지고 있는 우리나라의 현실에서는 지방자치제도를 더욱 강화함으로써 선진민주주의국가로 발돋움할 수 있을 것이다.

2) 국가구성의 기본원리로서의 지방자치제도

앞서 언급한 민본민주주의는 전체국민의 총의에 따른 헌법을 통하여 구체화될 수 있다. 국가구성에 관한 헌법원리의 핵심 중의 하나는 권력분립원리이고 오늘날의 현대헌법에서는 수평적 권력분립과 수직적 권력분립으로 나뉘어지고 있음은 잘 알려진 사실이다. 수평적 권력분립은 국가, 즉 중앙정부의 권력의 분리를 통하여 견제와 균형을 도모하는 것이며, 수직적 권력분립은 중앙정부와 지방정부 사이의 권력분산을 통해 지방정부구성원들의 자율성과 주체성을 확립하여 중앙정부와 지방정부 간에 적절한 권한배분을 도모하는 것을 의미한다. 지역에 기초한 지방정부의 구성원들은 자신들의 문제에 관하여 스스로 판단하여 결정하고 행동하여 지방정부를 건실하게 유지할 수 있고, 그것은 곧 전체 국가의 역량을 굳건하게 하는 계기가 될 수 있다.

한편, 다양한 국가들의 경험에 비추어 현상적으로 나타난 지방자치는 **하향식 지방자치**와 **상향식 지방자치**로 일응 구분해 볼 수 있다.

하향식 지방자치는 중앙정부의 권한을 우위에 두고 지방정부의 지위와 권한을 중앙정부의 결정에 따라 정하는 방식이라면, 상향식 지방자치는 먼저 지방정부의 지위와 권한을 결정한 다음 특정영역이나 권한을 중앙정부에 전속되게 하는 방식이라 할 수 있다.

전자의 경우가 전통적으로 중앙집권국가의 성격을 가진 국가들이 현대민주주의의 필수요소로서의 지방자치제도를 제도화하는 경우에 나타나는 방식이라면, 후자의 경우는 특정지역에 기반하여 먼저 개별국가가 형성된 후에 나중에 동질성을 가진 개별국가들이 모여 연방을 구성하는 국가계약을 통해 연방국가를 형성하는 경우라 하겠다. 전자의 경우는 프랑스와 같은 전통적인 중앙집권국가에서 볼 수 있고, 후자의 경우는, 예컨대, 미국이나 독일의 경우 개별 주(州)의 권한과 지위가 확립된 후에 각 주들이 회합하여 연방극가를 구성하는 계약을 체결하여 연방정부의 권한을 확보해온 나라들이다.

우리나라의 경우는 전통적으로 중앙집권국가로서의 성격을 가졌었고, 따라서 그동안의 우리나라의 지방자치제도는 **하향식 지방자치제**이었다. 그로 인해 지방정부가 중앙정부에 강하게 종속되는 결과를 낳았다. 이에 새로 헌법이 개정된다면, 헌법에 지방분권을 국가구성의 기본원칙으로 하는 것을 명시하여 상향식 지방자치의 원칙을 천명할 필요가 있다.

지방정부의 입장에서 볼 때, 중앙정부와 지방정부 사이의 관계에 관해서는 두 가지 측면을 예상할 수 있다. 그 하나는 **소극적 측면**으로서, 지방의 자율적 결정에 대하여 중앙정부의 간섭과 제한을 최소화한다는 측면이며, 다른 하나는 **적극적 측면**으로서, 지방정부에 대한 지원과 조성이라는 측면이다.

전자의 측면에서는, 주로 하향식 지방자치제 하에서 중앙정부가 거의 전권을 가지고 지방정부의 권한과 결정에 간섭하는 경우에, 지방정부는 자신의 권한행사와 정책결정을 자율적이고 주체적으로 행할 수 없게 될 것이므로, 자칫 지방자치의 본질을 훼손할 가능성이 있다.

후자의 측면에서는, 지방정부의 재정과 정책수행의 곤란성을 중앙정부가 적극적으로 지원하고 조성하여 본래의 목적을 달성할 수 있게 하여야 한다는 것이다.

따라서 적극적·소극적 양 측면에서 헌법상 중앙정부와 지방정부의 관계를 어떻게 설정할 것인가가 헌법개정에서 중요하게 다루어져야할 과제이다.

3) 우리나라 헌법규정에 대한 평가와 지향

우리나라는 제헌헌법 당시부터 지방자치에 관한 조항을 두고는 있었으나, 집권정치세력의 이해관계에 따라 시행되거나 중단되는 등의 우여곡절을 겪어 왔다. 이러한 역사적 경험 자체가 우리나라의 전통적인 중앙집중적 권력구조의 산물이었다. 성리학적 유교국가이었던 조선의 경우에는 말할 것도 없고, 20세기 이후의 일제강점기와 분단기에서도 중앙집중적 권력구조 하에서 지방자치제는 거의 작동하지 못하였다고 할 수 있다. 해방 이후 제헌헌법 이래, 헌법본문에서 버젓이 규정되어 있었음에도 불구하고 중앙의 정치적 이해관계에 따라 부칙규정으로 그 시행을 연기하는 등, 지방자치제가 굴곡을 겪어왔고, 따라서 민주주의의 학교라 할 지방자치제가 제대로 작동하지 못한 까닭에 우리나라의 민주주의가 더디게 발전하였는지도 모른다. 앞서 본 바의 하향식 지방자치의 경험으로 인해 지방의 중앙종속성이 더욱 심화되었고, 중앙중심의 사고와 인식은 지방에 대한 무관심과 홀대로 이어졌으며, 급기야는 오늘날과 같이 수도권과 비수도권의 양극화를 초래하였다.

앞서 헌법개정에서 고려되어야 할 새로운 지향으로 아홉 가지를 지적하였거니와, 지방자치의 문제에 있어서도 위의 여러 가치지향들이 고려되어야 한다고 생각한다. 즉, 전체로서의 국가가 아니라 개인의 삶을 중시하고 그들에 의하여 스스로의 삶을 자율적으로 판단하고 결정하게 하여, 자율적인 생활공동체로서 지방정부를 구성하며, 그러한 지방정부들이 모여 하나의 국가로 거듭날 수 있도록 하는 것이다. 이것이 곧 **상향식 지방자치**이다. 물론 지방정부의 자율성이 어느 정도로 부여되느냐에 따라 연방수준의 지방자치인가 아니면 그보다 약한 수준의 지방자치인가가 결정될 것이다. 장래에 헌법이 개정된다면, 적어도 연방수준에 상응하는 정도의 자율성을 부여하는 것도 고려될 수 있을 것이다.

2. 주체적이고 자율적인 지방정부를 만들자

1) 생각을 바꾸자

지금까지 우리나라의 지방자치의 경험은 중앙정부 중심의 하향식 지방자치가 주류적이었고 그나마 중앙정부의 집권정치세력의 이해관계에 따라 시행 여부가 결정되는 수동적 입장에 있었다. 그로 인해 지방은 중앙정부의 이해관계와 정책결정에 종속적으로 될 수밖에 없었고, 이러한 현상은 정치·경제·사회·문화·교육 등 사회 전 영역이 중앙에 집중되도록 만들었다.

이러한 현상을 깨뜨리기 위해서는 **지방의 중앙종속성**을 최대한 벗어나야 한다. 지방이 자율적으로 정책을 결정하고 주민들의 삶에 필요한 최소한의 요소들을 자급자족하겠다는 생각으로 하루빨리 바뀌어야 한다. 중앙에 기대지 아니하고 스스로 자립하겠다는 강한 의지를 가지고, 필요하다면 타 지방정부 혹은 외국과의 연계와 협력을 통해 자율적이고 주체적인 지방정부로 거듭나야 한다. 물론 이를 위한 인적·재정적 자원들은 단기적으로는 우선 중앙정부의 지원과 조성을 통해 확보하면서, 장기적으로는 **자율적·주체적 지방정부**로 설 수 있는 제도적 기반을 마련하여야 할 것이다.

2) 제도를 마련하자

진정한 지방자치는 정치·경제·사회·문화·교육 등 생활영역 전반에 걸쳐 자율적 결정과 집행을 통해 달성된다는 것은 더 말할 필요가 없다. 이를 위해서는 지방정부를 구성하는 지방정치제도의 자율성을 우선 확보할 필요가 있다.

구체적으로 보면, 지방정치제도로서 정당, 선거, 정치조직 등에 관한 자율적 규율을 통해 **지방권력의 자율성**을 강화할 필요가 있다. 물론 중앙정부 차원에서 기본원칙을 정해두고 그 범위 안에서 자율성을 부여하는 방법이 적절하겠지만, 지방적 특수성을 감안하여 지방적 규율의 가능성을 열어두는 것이 필요하다.

다음으로, **지방정부제도**로서, 지방의회의 자치입법권과 자치행정권 그리고 자치사법권을 자율적으로 시행하도록 제도를 갖추어야 한다. 연방수준의 지방자치를 기대한다면, 원칙적으로 입법권, 행정권 및 사법권을 지방정부가 모두 전속적으로 가지되, 중앙정부의 차원에서 규율하는 사항에 대해서만 지방정부의 권한이 제약되는 것으로 하여야 할 것이다.

지방입법권은 그 규범형식을 법률의 차원으로 격상시킬 필요가 있다. 지금은 중앙정부의 명령·규칙보다도 하위에 있기 때문에 규범적으로도 중앙정부 종속성을 벗어나기 어렵다. 물론 광역의회와 기초의회 사이의 규범적 우열문제도 있지만, 그조차도 각 지방정부에 일임하여 결정하도록 할 수 있을 것이다. 중앙정부는 간섭할 필요가 없다.

지방행정권은 최소한의 사항을 중앙정부의 규범으로 정하되, 각 지방정부의 자율적인 결정에 일임하도록 할 수 있다. 물론 중앙정부로부터 위임된 사항은 중앙정부의 규율에 따를 것이지만, 기타의 사항은 각 지방정부의 권한으로 하여야 한다.

지방사법권은, 전체 국가 규범체계와의 정합성이 문제될 수 있지만, 적어도 지방적 특수성에 따른 사법기관의 창설가능성을 배제할 필요는 없다고 판단된다. 어느 지방정부의 사법기관이 보편성을 획득할 정도로 합리적인 제도라면 국가영역에서 통일적으로 규율할 수도 있을 것이다.

다음으로, **지방정부의 공직자 선발**의 문제이다. 현재에는 중앙정부에서 직접, 혹은 지방정부의 의뢰를 받아 일괄적으로 공직자를 선발하고 있다. 지방정부의 공직자를 지방정부 자체에서 스스로 선발하면서 지역인재에 대하여 우대조치를 취한다면, 지역의 인재들이 지역외로 유출되지 아니하고 지역의 공직에 봉사할 수 있을 것이며, 자신이 나고 자란 곳에서 공직을 맡는다는 자부심도 훨씬 커질 것이다.

무엇보다도 중요한 것은 **지방재정의 문제**이다. 현재에는 지방세와 중앙정부의 지방교부금 등에 의존하여 지방재정이 충당되고 있지만, 역으로, 지방세부과를 원칙으로 하고 중앙정부가 보조적으로 조세를 부과할 수 있게 하여야 한다. 물론 지방정부 간 격차는 분명히 존재하고 있고, 따라서 지방정부 사이에 재정자립도에서 큰 격차가 예상되지만, 중앙정부에서 그에 대하여 적절히 조정하는 역할을 하여야 한다.

다음으로, **지방정부의 치안질서의 유지**와 관련되는 문제이다. 통상적으로는 자치경찰의 문제로 논의되지만, 사전적·예방적 차원에서의 자치경찰과 사후적·교정적 차원에서의 범죄수사를 위한 형사사법기관은 별도로 분리할 필요가 있다.

마지막으로, **교육제도**도 또한 지방적 자율성을 강화할 필요가 있다. 얼마 전에 국정교과서문제로 큰 홍역을 치렀지만, 교육은 결코 획일적으로 강요되어서는 안 된다. 각 지역마다 특성이 있고, 좋은 의미에서의 지역정신이 있을 수 있기 때문에 어느 것을 더 강조하여 교육할 것인가는 전적으로 지역주민들의 의사에 따라 결정되어야 할 것이다.

3) 중앙정부와 지방정부 사이를 조화롭게 만들자

중앙정부와 지방정부 사이 및 지방정부 사이의 협의체

지금까지 언급한 사항들을 헌법에 규정한다면, 중앙정부와 지방정부 사이에 적지 않은 혼란을 야기할 수도 있다. 각 지방정부들의 정책결정이 서로 차이가 있을 수 있고, 이를 중앙정부 차원에서 통일적으로 규율하기는 쉽지 않은 일이다. 그러나 중앙정부 주도하에 각 지방정부들의 이해관계를 조율하고 적정한 정책결정이 이루어지도록 중앙정부와 지방정부 사이의 **협의체**를 두도록 헌법에 근거규정을 둔다면, 충분히 해결될 수 있다고 생각된다.

뿐만 아니라, 각 지방정부들 사이에도 협의체를 두어 이해관계의 조정과 협의를 할 수 있도록 한다면, 국정 전반에 걸쳐 통일성을 확보할 수 있을 것입니다.

한 가지 고려할 것은, 지방분권을 이와 같이 실질적인 분권으로 하되, 단, 긴급한 경우 국회의 의결 등을 통해 지방정부를 중앙정부의 통제 하에 둘 수 있는 **긴급권**을 헌법에 두는 방안이다. 현대사회의 위기적 상황은 천재지변이나 인위적인 것 등 그 양태를 불문하고 다원화하고 있으므로 이에 대비하기 위해서는 중앙정부의 직접적인 통제 가능성을 헌법에 예정하는 것도 적절하다고 생각된다.

각 정부 간 권한다툼을 해결하는 장치

지방정부의 자율적 정책결정과 규범체계를 헌법적으로 보장한다면, 필연적으로 중앙정부와 지방정부 사이, 또는 각 지방정부 사이에 **권한분쟁**이 발생할 수 있다. 현재의 규범체계에서는 국무회의의 권한분쟁조정과 헌법재판소의 기관간 권한쟁의심판이 제도화되어 있어서 문제를 해결할 수 있도록 하고 있지만, 지방분권이 강화되는 경우에는 각 권한쟁의가 현재보다도 훨씬 많아질 것이다. 현재의 헌법재판소의 권한쟁의심판기능을 최대한 활용할 수도 있겠지만, 중앙정부 차원에서 법률적으로 좀더 상세히 규율할 수 있을 것이다.

3. 지방분권을 통일에도 활용하자

헌법적 차원에서 지방분권을 강화하고자 하는 데에는 우리 국민의 숙명적 과제인 통일의 문제와도 관련이 있다. 지금 현재에는 남과 북이 극단적으로 대립하고 있고, 또 통일의 상대방인 북한이 극도의 중앙집권적 권력체계를 가지고 있기 때문에, 과연 지방분권이 실현될 수 있을 것인지 의심스러운 것은 사실이다. 그러나 상황은 언제든지 변할 수 있고 그 변화된 상황 하에서 남북의 지방정부 사이에 교류협력이 얼마든지 있을 수 있다. 오히려 서독기본법이 통일관련규정을 두어 마침내 통일을 이루어낸 동서독의 지혜를 빌린다면, 우리나라도 장기적으로 통일에 대비하는 규정을 둘 필요가 있다.

현재 우리나라의 헌법이 한반도와 그 부속도서를 영토로 하고 있기 때문에 규범적으로는 북한을 설명하기가 매우 어렵지만, 앞서 본 바와 같이, 과거 대한민국임시정부를 큰 대한민국으로, 그리고 현재의 남한의 대한민국을 작은 대한민국으로 보아, 남북교류협력법에 대한 헌법재판소의 입장과 같이, 남북한 간에 **협력적 관계**를 중시하는 것도 남북 간의 관계를 조화롭게 해석하는 한 방법일 것이다. 북한지역이 분권화가 진행되어 각 지방정부가 들어선다면, 남한지역의 지방정부와 직·간접의 교류도 충분히 가능할 것이다.

三. 나를 대표하는 기관 – 입법부

앞서 언급한 바와 같이, 국민은 자신들의 정치적 의사를 대표기관을 통하여 표현한다. 현재의 상황에서 양원제가 바람직하다는 견지에서, 여기서는 구체적으로 국회의 양원의 지위, 국회의원의 지위, 국회운영의 원칙과 기타 사항에 관하여 살펴본다.

1. 국회를 어떻게 조직하고 구성할까

국회는 **양원제**로 구성하되, 상원(참의원)은 100명 이하, 하원(민의원)은 250인 이하로 한다. 다만, 통일 후의 국회의 구성에 관해서는 부칙규정에서 국회에서 그 수를 정하도록 유보할 수 있게 한다. 상원은 지역단위로 2~4인을 선출하도록 하고, 하원은 인구비례로 하여 적정한 수를 결정하되, 비례대표제를 절반 이상으로 하고 지역선거구의 수를 결정하도록 한다. 현실적으로는 저항이 적지 않을 것으로 예상되지만, 가능한 한 국민의 대표성을 가장 잘 반영할 수 있는 제도를 헌법에 규정하여야 할 것이다.

2. 국회의원은 어떤 지위를 갖게 하나

국회의원의 지위 중 가장 문제되는 것은 **국회의원의 겸직가능성**과 **국회의원의 특권**이다.

국회의원의 겸직가능성에 관하여 현행헌법은 법률이 정하는 직을 겸할 수 없도록 하고 있지만, 가장 큰 문제는 행정부각료를 겸할 수 있게 한 점이다. 이 제도는 그동안 대통령이 국회를 지배하는 수단으로 이용된 면이 있고, 따라서 엄격한 대통령제에서는 허용되어서는 안되는 것이었다. 만약 정부형태를 의원내각제나 이원정부제(분권형 대통령제)로 한다면 국회의원의 각료겸직이 문제되지 않는다.

국회의원의 특권은 **불체포특권**과 **면책특권**이 있다. 두 특권 모두

나름의 역사적 배경과 제도적 취지가 있으므로 비록 과거의 헌정경험상 부작용이나 오남용의 사례가 있었다 하더라도 전면적으로 삭제하는 것은 바람직하지 않다. 헌법상 국회의원의 특권은 엄격한 요건 하에서 반드시 인정되어야 한다. 외국의 경우에는 명예훼손이나 모욕적 발언에 대해서는 면책특권을 인정하지 않는 사례가 있다. 우리나라의 경우에도 명예훼손이나 모욕적 발언에 대해서는 면책특권에서 제외하도록 헌법에 명시적으로 규정함이 바람직할 것이다.

국회의원의 지위와 관련하여 **국민소환제**의 채택을 통해 국회의원의 임기를 종료하게 하는 제도도 필요하다.

3. 국회를 운영하는 원칙

국회의 운영과 관련하여, **양원제**가 채택되는 경우에는 양원 각각의 의장·부의장, 회기, 의결정족수, 양원의 관계 등에 관하여 별도로 규정할 필요가 있다. 양원의 관계에 관해서는 상원 우위냐 하원 우위냐의 문제가 제기될 수 있는 바, 상원 우위로 하되 재의결을 통하여 하원이 상원을 압도하도록 정할 수 있다. 즉, 하원에서 통과한 법률 등의 안건에 관하여 상원이 거부할 경우, 하원이 가중다수(예컨대 재적의원 2/3 찬성)로 재의결하는 경우에는 하원의 결정을 우선할 수 있게 하는 방법이다.

4. 법률을 만드는 과정

현행헌법은 **법률안제출권**을 의원과 정부로 정하고 있다. 정부의 법률안제출권을 인정한 점에서 미국식 대통령제와 다른 점이다. 정부형태를 의원내각제나 이원정부제(분권형대통령제)로 하는 경우에는, 정부의 법률안제출권이 자연스럽게 인정될 수 있다.

앞서 언급한 것처럼, 국회의 입법과정에서 **국민발안제도**를 도입하여 일정수의 국민의 서명으로 하원에 법률안을 발의할 수 있도록 함이 바람직하다. 국민발안에 따른 입법안이 상하 양원에서 통과되지 못한 경우에는 국민발안의 대표자로 하여금 헌법재판소에 국민투표에 부의해 줄 것을 청구할 수 있도록 하고, 헌법재판소가 국민투표 여부를 결정하도록 할 수 있다.

법률안의 제안은 상하 양원 모두 가능하도록 하고, 각 원이 심의·의결 후 다른 원에 송부하여 의결하도록 요청한다. 법률안의 심의와 의결·공포에 관해서는 양원제가 채택될 경우에 각 원의 권한에 관하여 헌법에서 상세히 규율할 필요가 있다.

의원내각제나 이원정부제가 채택된다면, 대통령의 법률안 재의요구는 불필요하거나 그 의미가 반감된다. 이원정부제의 경우 대통령의 법률안 재의요구가 필요할 수도 있겠지만, 국무회의의 의결을 요건으로 한다면 재의요구는 쉽지 않을 것이다. 이 책에서 제안한 바와 같은 정부형태를 전제할 경우, 국무회의에서 법률공포를 의결하였음에도 불구하고 대통령이 굳이 법률안 재의요구를 하려고 한다면, 국무회의를 해산할 것을 전제로 하여 재의요구를 할 수 있다. 이 경우, 하원에서 새로 국무회의를 구성한다면 그 법률안은 확정된 것으로 하고, 국무회의를 구성하지 못한다면 법률안은 폐기된 것으로 할 수 있다.

5. 나라살림살이 – 조세와 재정

나라살림살이인 조세와 재정제도와 관련해서는, 조세 중에 **지방세의 징수근거**를 마련할 것인가의 문제와 **예산안**의 형식을 어떻게 할 것인가가 문제된다. 지방분권국가가 실현된다면 지방재정을 뒷받침하기 위하여 지방세를 징수하여야 하는데, 이를 위해서는 지방세의 징수근거를 헌법에 명기할 필요가 있다. 지방정부의 규범형식을 법률로 할지 혹은 조례로 할지의 여부는 분권의 정도에 따라 결정되겠지만, 지방세의 최소한의 징수근거로서 조례를 헌법에 정할 수도 있다. 예산안의 규범형식의 문제는 예산안을 법률로 할 것인지 혹은 현재의 예산안제도로 할 것인지가 문제된다. 국가의 재정 영역도 민주주의원리가 적용되어야 하므로, 정부에 대한 구속력을 강화하고 국회의 필수적 의결을 요구하도록 하는 **예산법률주의**를 채택함이 바람직하다. 현재 제시된 헌법개정안들은 모두 예산법률주의를 채택하고 있다. 양원제가 채택될 경우, 상하 양원 사이에 서로 의견이 다른 경우에는 양원합동회의에서 조정하고 최종의결하도록 할 수 있다.

6. 기 타

위에서 언급한 사항 이외에도 국회의 국정통제에 관한 권한으로, 조약 체결 · 비준동의권, 국정감사 · 조사제도, 국무총리 등 정부위원의 국회출석 · 답변권, 국무총리 등 해임의결권, 탄핵소추권 등에 관하여 세부적인 사항들을 헌법에 규정할 필요가 있다.

국회의 자율권과 의원자격심사와 징계 등에 관해서도 헌법규정으로 규율하는 것이 필요한데, 특히 **의원자격심사**와 **징계문제**는 국민소환제도와 연계될 수 있다. 중요한 것은 의원자격심사와 징계문제를 다루는 기구의 정치적 중립성과 공정성을 담보할 수 있는 제도적 장치가 필요하다는 점이다. 국회 내에 혹은 국회 외에 **독립기구**를 두어 이를 담당하게 하는 것도 한 방법이다.

四. 나랏일을 집행하는 기관-행정부

1. 정부형태에 따라 정하자

행정부에 관한 사항은 앞서 언급한 정부형태 문제와 긴밀히 관련된다. 어떤 정부형태를 취하느냐에 따라 대통령과 국무총리 및 국무위원의 지위가 달라질 것이므로, 정부형태에 관한 논의에 따라 구체적으로 결정될 수 있다.

여기서는 특히 정부형태와는 무관한 행정부기관의 문제에 관하여 간략히 언급하는 것으로 한다.

2. 독립기관을 설치할 수 있도록 하자

오늘날 한 나라의 행정 영역은 권력분립원리에 따라 일률적으로 구분될 수 없는 영역들이 나타나고 있다. 즉, 권력분립에 따른 3권 중의 어느 하나에 속하지 아니하고 둘 이상의 권력에 속하는 기능을 담당하는 기구들이다. 특히 전문성을 요하는 국가기능 중에는 3권 중의 어느 하나에 포함시키기보다는 독립적으로 그 기능을 담당하게 하고 3권의 간섭을 최소화할 필요가 있다. 예컨대, 방송통신위원회나 금융위원회, 양형위원회 등과 같은 기관들은 그 기능상 국가 3권 중의 어느 하나에 속한다고 보기 어렵거나 3권 중의 어느 하나에 귀속시키는 것이 부적절한 것들이다. 따라서 이러한 기구들은 헌법상 그 정치적 중립성과 전문성 그리고 공정성을 담보할 수 있도록 **설치근거**를 두는 것이 적절하다.

五. 다툼을 해결하는 기관-사법부

1. 과거는 어떠했고 현재는 어떠한가

우리의 근대적 사법제도는 조선 말인 1895년 4월 19일에 재판소구성법을 공포하면서 도입되었다. 법 공포 후 첫 번째 사형수가 동학혁명의 전봉준 장군이었다. 대한제국기에는 서구적 법제도와 법이론이 적극적으로 소개되면서 근대적 사법제도를 정착시키고자 노력하였으나, 일본제국주의에 의하여 사법권이 박탈되고 독립적이고 자주적인 사법권을 행사할 수 없었다. 1910년 국토가 강점된 후에는 사법제도는 일본제국의 식민지통치를 위해 이용되었다. 서구의 근대적 형사법과 제도가 적용되어 외형상 근대화된 것처럼 보였으나, 실상은 기본적 자유와 권리의 보장이라는 서구의 법정신과 사상과는 전혀 무관하게 오직 강압적 식민통치의 수단으로 이용된 것에 불과하였다.

식민지조선에서는 일본인 법조인 외에도 조선인 법조인이 다수 있었지만, 모두 일본의 법과 제도에 따르는 일본국의 법조인이었다. 이들 중에는 허헌 변호사와 같이 대한제국기에 법조인자격을 얻은 후 식민지 법조인이 된 경우도 있지만, 강점기 36년 동안 조선변호사시험을 통해 법조인이 된 사람들이 대부분이었다. 1945년 8월 15일은 조선변호사시험 2일째 되는 날이었고, 정오에 일본국 왕의 항복선언이 있은 후에 시험이 무기연기되었다. 응시자들은 비록 시험을 끝까지 치르지는 않았지만, 미군정에게 자신들의 변호사자격을 인정해줄 것을 요구하였다. 미군정은 1947년까지 이들 중 106인에게 조선변호사자격증을 부여하여, 이들이 우리나라의 초기 법조사회를 이루었다.

정부수립 후 초대 대법원장 김병로 선생은 대통령 이승만의 사법부 간섭시도를 강하게 차단하여 사법부 독립의 기초를 다졌다. 그러나 2대 대법원장 이후에 사법부는 수난기에 접어들었고, 제2공화국 헌법에서 규정하였던 대법원장·대법관선거제도도 예비선거일 전날 있었던 5·16군사쿠데타로 인해 무산되었다. 급기야 유신헌법에서는 최하위의 법관에 이르기까지 대통령이 직접 임명하는 독재적 제도로 바뀌었다. 5공헌법에서도 약간의 변화만 있었을 뿐 사법부의 대통령 종속은 여전하였다.

1987년 헌법이 성립된 후 사회와 국가의 전 영역이 민주화되면서 사법부도 변화하기 시작하였으나, 제도구조 자체가 과거의 유신헌법이 가졌던 기본구조를 벗어나지 못한 까닭에 한계가 있을 수밖에 없었다.

1987년 이후 30년이 지나면서 우리 사회도 크게 변하였고 그에 따라 현재의 사법제도는 새로운 변화를 담아내기에는 역부족인 상황으로 되고 있다. 특히 **소송사건 수**가 급격히 늘어나서 법관들의 업무부담이 엄청나게 커지고 있다. 2016년 한 해 동안 최고법원인 대법원에 제기되는 상고사건 수는 47,000여 건에 이른다. 12인이 가동되고 있는 상황에서, 대법관 1인당 1년에 처리해야 하는 사건수가 4,000건에 육박하는 것이다. 또한 제1심 법관도 한 달 평균 95건 전후의 소송사건을 판결하고 있다. 법관에게 사건이 과도하게 지워지면 사건에 대한 심리가 충실히 행해지기 어렵고 그로 인하여 올바른 판결을 내리지 못한다면 그 피해는 고스란히 국민들에게 돌아간다. 법관에게 과도한 사건부담이 지워지는 것이 제도적 문제에 기인한 것이라면 이제 기존의 제도를 과감히 개혁하여 **새로운 사법제도**를 재구성하여야 할 시점이다.

2. 새로운 사법제도는 무엇을 지향해야 하나

사법제도는 법치주의를 실현하기 위한 기제로서, 국가의 3권력 중의 하나이다. 입법권력 및 행정권력과 비교하면, 사법권력은 규범적 권력으로서의 성격을 가진다. 즉, 입법권력은 현실의 다양한 정치적 요구들이 서로 다투는 장이며, 행정권력은 행정목적을 달성하기 위하여 현실적으로 법을 집행하는 권력이다. 입법·집행 두 권력이 사실적인 성격을 갖는다면, 사법권력은 규범적 판단을 핵심으로 하는 규범적 권력이다. 규범이 무엇이며 그 규범이 그 의도에 맞추어 올바로 집행되었는가를 '판단하는' 권력이기 때문에 사실 사법권력은 현실적인 '힘'도 갖지 못하고 현실을 지배할 수 있는 '돈'도 없다. 미국의 헌법해설서인 「페더럴리스트」에서 사법권을 칼도 지갑도 갖지 못한 권력이라고 하는 표현이 이를 잘 지적해준다. 하지만, 과거에는 칼도 지갑도 없는 권력으로 평가되었지만, 오늘날의 사법권력은 무기력한 권력이 아니라 **권력으로서의 성격**을 가진 것으로 평가된다.

앞서, 새로운 헌법이 지향해야 할 여러 가지 가치들을 지적했지만, 사법제도 개헌과 관련된 몇 가지를 지적하면, 먼저, 20세기적 사법제도에서 21세기적 사법제도를 지향해야 하며, 둘째로, 사법제도 내부의 질서가 수직적 질서에서 수평적 질서로 바뀌어야 하고, 셋째로, 사법권의 구성과 권한집행의 내용이 국가우위에서 개인(사회)우위로 지향해야 하며, 넷째로, 사법권이 권력지향에서 기능지향으로 바뀌어야 하고, 다섯째로, 중앙집중에서 지방분산을 지향하여 지방분권 체제에 걸맞는 사법제도를 재구성할 필요가 있다.

3. 사법제도의 현대적 경향과 구성원리

1) 현대적 경향

오늘날에는 언어권에 따라, 영어권(Anglophone) 법계, 불어권(Francophone) 법계, 독일어권(Germanophone) 법계, 포르투갈어권(Lusophone) 법계, 스페인어권(Hispanophone) 법계, 아랍어권 법계, 기타 법계로 나눌 수 있다. 이렇게 분류하더라도 전 지구적인 관점에서 법치주의가 보편화되고 있음을 감안하면 각 법계는 상당히 유사해지고 있고 사법제도 또한 제도적으로 유사해지고 있다.

현대사회에서 법치주의의 발전에 가장 크게 영향을 미친 것은 「사법」 및 「사법권」의 관념이 새롭게 변화하였다는 점이다. 특히 헌법재판제도의 발전과 확대는 기존의 사법의 관념을 재구성할 것을 강하게 요청하고 있고, 이론상으로도 다양하게 발전하고 있다.

현대의 사법제도의 일반적 경향을 살펴보면, 다음의 몇 가지로 요약될 수 있다.

첫째, **헌법재판담당기관의 다양성**이다. 헌법재판기능 중 가장 핵심적인 것이 위헌법률심사제도인데, 담당기관에 따라, 독립된 사법기관이 담당하는 경우(집중형)와 일반법원이 담당하는 경우(비집중형)로 나누어진다. 또한 위헌법률심사를 별도의 기관 혹은 단일 위계를 갖는 법원 중의 어느 심급(보통 최고심급)에 집중하는 전문법원형과, 사법부 내의 모든 심급의 법원이 이를 행사하는 일반법원형으로 분류할 수도 있다. 남미의 여러 나라에서는 최고사법기관 내에 헌법판단전담부서(헌법부)를 두는 경우도 있다.

둘째, **최고법원의 다원화경향**이다. 현대사회에서 행정국가화 경향과 정치영역에 대한 법치주의적 통제의 필요성에 따라 사법기능이 확대되면서, 자연스럽게 사법기능의 전문성을 필요로 하게 되고, 그에 따라 사법부의 최고기관까지도 다원화하는 경향을 보이고 있다. 예컨대, 독일은 연방헌법재판소와 다섯 개의 최고재판소들(연방(일반)최고재판소, 연방행정재판소, 연방재정재판소, 연방사회재판소, 연방노동재판소)로 구성되어 있다. 그 외의 나라들도 최소한 3개 이상의 최고사법기관을 두는 경우가 많다.

최고법원을 다원화하는 것은 국가마다 고유한 정치적 경험과 역사적 전통, 그리고 현실적인 정치세력들의 이해관계에 따라 다양하게 나타나고 있지만, 적어도 오늘날의 경향은 최고사법기관을 다양하게 구성하고 그 전문성을 강화하는 방향으로 제도화하고 있다는 점은 분명하다.

셋째, **사법부 구성 및 의사결정구조의 독립성과 자율성**이 강화되고 있다. 과거 사법권의 의사결정구조는 정치권력 특히 행정권에 의한 통제의 가능성이 매우 강하였고, 따라서, 사법권에서 핵심적인 요소인 인적·물적 요소의 결정 및 사법정책결정과정에 입법권 및 행정권의 영향이 강했던 것이 사실이다. 뿐만 아니라, 사법권 내부의 의사결정구조도 최고사법기관의 장에게 집중되어 사법부 자체가 수직적 질서구조(관료주의)를 가진 예가 적지 않았다. 이에 오늘날의 사법제도는 사법권의 의사결정구조를 민주주의원칙에 맞게 구성하는 예가 많은데, 주로 **최고사법평의회**로 통칭할 수 있는 제도적 장치가 많이 규정되고 있다.

사법권의 독립성을 강화하는 또다른 장치로, 사법부의 물적 기초로서의 예산에 관하여 그 권한이 강화되고 있는 점이다. 사법부의 예산에 대하여 그 독자성을 명시하거나(가나, 러시아, 칠레 등), 남미의 나라 중에는 헌법에 전체 예산 중에 사법부가 차지하는 비중을 숫자로 명시하는 경우도 있다(베네수엘라, 파라과이).

넷째, **기본적 인권보장이 강화**되고 있다. 헌법상 보장된 기본적 인권과 관련하여 오늘날 다양한 형태의 보장제도가 채택되고 있는데, 그중에서 가장 효율적인 제도가 헌법소원제도이다. 헌법소원제도는, 헌법상 보장된 기본적 인권의 포괄성에 근거하여, 모든 공권력의 행사에 대하여 국민의 기본적 인권이 침해되는 경우에, 기존의 구제제도로 구제받지 못하는 상황에서, 최종적으로 기본권이 침해된 개인에게 구제의 수단을 확보해주는 제도이다. 오늘날의 각국의 헌법에서는 일률적이지는 않지만, 다양한 형태로 헌법소원제도가 마련되고 있다.

다섯째, **규범통제기능이 강화**되고 있다. 헌법상의 규범통제기능은 입법부인 의회(법률)와 행정부의 규범정립행위(행정입법)에 대한 통제를 의미한다. 오늘날에는 사전적·예방적 통제의 필요성이 증대되고 있고, 그에 따라 여러 나라에서 사전적·예방적 통제의 수단이 헌법적으로 채택되고 있다. 사전적·예방적 통제는 입법부의 규범인 법률과 행정부의 규범인 행정입법 양자에 대하여 가능하다. 필요하다면, 입법부의 법률에는 입법부의 의사를 존중한다는 차원에서 사전적·예방적 통제를 하지 않더라도, 행정부의 규범정립행위인 행정입법에 대하여는 사전적·예방적 통제를 제도화할 수도 있을 것이다.

규범통제와 관련하여 또 하나의 특징은 **조직법률(organic law)**에 대한 통제가능성을 명시하는 예가 많은 점이다. 조직법률은 직접 개인의 기본적 인권에 영향을 미치는 것이 아니기 때문에 법률 자체의 위헌 여부에 관한 쟁송의 가능성이 매우 낮다. 물론 앞에서 언급한 사전적·예방적 통제가 제도화된다면 조직법률도 입법부 차원에서 그 위헌 여부에 관한 심사가 가능할 것이다.

여섯째, **정치적 사건의 통제기능이 강화**되고 있다. 선거, 탄핵, 정당해산, 국가원수의 궐위 및 권한대행 등의 정치적 사건에 관한 헌법적 통제제도를 강화하고 있다는 점이다. 법률적 사건과 정치적 사건의 구별이 쉽지는 않지만, 경험적으로 보아 정치적 사건, 특히 헌법규범적 통제를 요하는 사건을 특정하는 것은 어렵지 않을 것이다.

일곱째, 행정권의 효율적 행사를 위한 **권한쟁의심판제도**가 채택되고 있다. 행정기관의 권한분쟁은 분쟁당사자인 기관들의 상급기관에 의하여 조정될 수 있지만, 연방국가의 경우에는 그 조정이 쉽지 아니하며, 조정의 결과에 따라 이해관계가 첨예하게 대립될 경우에는 권위있는 기관에 의한 조정이 필수적이다. 또한 권한쟁의는 행정기관 사이에서뿐만 아니라, 사법기관들 사이에서도 제기될 가능성이 있고, 그에 따라 사법기관 사이의 권한분쟁에 대한 해결수단을 규정하는 헌법도 많다.

여덟째, **행정작용에 대한 사법적 통제**가 증대하고 있다. 사법적 통제의 대상으로서의 행정작용에 대한 각 국가들의 헌법규정들은 매우 포괄적으로 규정하고 있다. 결국 행정작용에 대한 사법적 통제는 행정부의 일체의 행위에 대한 심사가능성을 열어두고 있다.

2) 제도구성의 기본원리

사법제도 구성의 첫 번째 기본원리는 **인간의 존엄과 가치**이다. 오늘날의 법제도는 인간의 존엄을 유지하고 보호하기 위하여 행정·입법·사법의 각 권력을 한계지우는 것이라 하여도 과언이 아니다. 따라서 일정한 법제도를 창설하는 경우에는, 인간의 존엄이라는 기본적 가치를 필연적으로 염두에 두어야 한다. 우리나라 헌법에도 제10조에서 인간의 존엄과 가치를 규정하고 있다. 이 규정은 근본규범으로서 모든 국가권력을 구속한다. 따라서 입법·행정·사법 등 모든 국가작용의 목적과 가치판단의 기준을 제공한다. 사법제도의 구성을 위해서도 이 원리가 적용되어야 한다.

둘째, **독립성의 원리**이다. 이는 권력분립의 원리를 실질화하는 것으로서, 분립된 권력 각각이 이른바 「권력(power, Macht)」이며, 사법권력도 하나의 권력으로서 독립적으로 행사되어야 함을 의미한다. 사법권의 독립성은 정책결정과정에서 독자적인 역할을 행하고, 정치과정에서 독자적인 참여자로 기능할 수 있어야만 확보될 수 있다.

행정권은 사법기능을 통제할 수 없으며, 법원을 폐쇄하거나 정지시킬 수 없고, 사법적인 분쟁해결에 앞서는 혹은 법원판결의 집행을 저지하는 어떠한 행위를 하거나 절차를 생략해서는 안된다. 입법부 혹은 행정부의 명령으로 소급적으로 특별한 법원의 결정을 번복하거나 판결에 영향을 미치기 위하여 법원의 구성을 변경하려고 해서는 안된다.

법관은 사법의 독립을 위하여 집단적 행위를 할 수도 있으며, 직무의 청렴성과 공정성 및 사법의 독립성을 유지할 수 있도록 행동하여야 하고, 이를 위하여 신앙의 자유, 표현의 자유, 결사 및 집회의 자유를 가진다.

사법의 독립성을 위하여 필요한 또다른 요소는 법관의 자격, 선임방법, 임기 및 (승진·전보를 포함한) 보직, 자격상실과 해임·징계, 면책과 특권 등의 신분보장과 관련된다.

셋째, **민주성의 원리**이다. 민주주의 국가에서 사법관은 법치주의 질서의 판단자이며 수호자이다. 그들은 국가의 법치주의 질서의 구체적 내용을 확정하고 국민의 규범생활을 선도하며, 국가의 구체적 정책에 대하여 헌법 및 법률적합성 여부를 판단하는 기능을 가진다. 사법관이 법치주의 질서의 판단자이자 수호자라는 지위를 가진다는 것은 국민주권주의를 기본이념으로 하고 있는 민주주의 국가에서 이들이 국민의 규범적 대표자이어야 한다는 것을 의미한다.

현대 민주사회에서 사법부가 올바로 기능하기 위해서는 사법제도 자체가 민주주의의 원리에 합당하게 설정되어야 한다. 특히 사법권력의 최종적 집행자인 최고법원의 사법관들은 국민의 인권을 보장하기 위하여 입법권력과 행정권력의 행위에 대하여 헌법 및 법률적합성을 최종적으로 결정한다는 의미에서, 그 임명의 방식도 또한 국민주권주의 및 민주주의원리에 기초하여야 함은 말할 필요가 없다.

사법권력의 민주적 정당성은 최고사법기관을 포함한 사법부의 구성원을 어떻게 선발하는가, 즉 법관선발의 기준과 절차에서 가장 선명하게 드러나게 된다. 법관선발의 기준과 절차는 사회를 공정하게 반영할 수 있어야 하며, 행정부와 입법부가 법관의 임명에 관여할 경우, 사법부 및 법조전문가의 조언이나 이들이 참여하는 기구에 의하여 행해지도록 해야 한다.

사법권력의 민주적 정당성은 또한 사법권 내부의 의사결정구조의 민주성을 요구한다. 사법권 내부의 의사결정은, 사법기구의 설치, 사법관의 임명 · 보직 · 전보 · 징계, 사법기구의 운영, 사법직원의 임명과 관리 등 사법권행사의 전반에 걸쳐 영향을 미치며, 재판부의 운영에 있어서도 합의부의 재판부 내에서 다양한 법적 의견을 제시하고 그 의견에 따라 판결을 내리도록 하여야 한다. 이를 위해서는 최고사법기관의 장 1인 혹은 소수의 집단에 의해 사법정책이 결정되는 구조가 아니라, 합리적인 방법에 의해 구성되는 합의체기구(예컨대, 사법평의회)에 의하여 내부적 의사결정이 내려지는 구조가 바람직하다.

넷째, **기능적 통일성**이다. 한 국가의 사법기능은 기능적으로 통일되어야 한다. 오늘날의 입헌주의 내지 헌정주의적 관점에서는 이 기능적 통일성은 곧 헌법 및 법률해석의 통일성을 의미한다. 유의하여야 할 점은, 사법기능의 통일성을 추구한다고 하여 반드시 사법기관이 통일적으로 구성되어야 한다는 것은 아니다.

다섯째, **전문성**이다. 사법담당자는 분쟁의 해결과 관련하여 사물의 시비선악을 옳게 분별하고 편벽되지 않은 균형잡힌 안목과 헌법과 법률 즉 규범에 관한 전문적 지식을 가져야 한다. 사법관의 전문성에 관하여, 통상적으로는 대학에서 법률학을 전공하고 실무분야에서 일정기간 활동을 한 자 혹은 대학에서 법학을 교수하는 대학교수를 사법관의 자격으로 인정하는 예가 적지 아니하다. 헌법재판의 경우에는, 헌법이 다른 법률과는 성격을 달리하는 특성을 가지고 있다는 점에서, 헌법분야의 전문성을 갖춘 자를 사법관으로 하는 것도 좋은 방법이다. 아울러, 개인의 일상적 생활과 밀접한 관련이 있는 영역, 예컨대 교통, 조세, 교육, 노동 등의 영역에서 일어나는 소규모의 전문적 영역에서의 사건들에 대해서는 각 전문영역의 전문가들이 법적 판단에 참여하는 구조(참심제)를 제도화할 필요가 있다.

여섯째, 국가기능의 **효율성**이다. 현대사회에서의 법치주의의 확대경향은 거시적 및 미시적 양 측면에서 구체화되고 있고, 이것은 곧 사법기능이 거시적 및 미시적 양 측면으로 확대되는 것을 의미한다. 이러한 경향에 따라, 사법제도를 적절히 구성하지 않으면 사법기능이 효율적으로 집행되기 어렵게 된다. 국민의 인권보호라는 입장에서 볼 때, 국가의 사법기능이 비효율적이면 인권보호가 부실해지고 또한 실질적인 인권보장을 실현할 수 없게 된다는 점은 자명하다. 따라서 사법기능도 또한 그 기능의 효율성을 고려하지 않을 수 없다. 헌법상으로는 신속한 재판을 받을 권리로 규정된 예가 많지만, 신속한 재판은 사법기능을 담당하는 사법관의 수와 국민의 대사법 접근가능성, 절차적 난이도, 소송비용 등 다양한 관점에서 접근할 필요가 있다.

한편, 헌법재판기능의 효율적 실현이라는 관점에서 볼 때, **사전적·예방적 차원에서의 헌법재판기능**을 제도화할 필요가 있다. 예컨대, 법률 및 명령·규칙의 위헌성 여부에 대한 사전적 심사방법(추상적 규범통제)을 통하여 법규범의 위헌성을 미리 차단한다면, 헌법재판기능은 훨씬 효율적일 것이다.

사법기능의 효율성 문제와 관련하여 판결에 대한 헌법소원의 문제가 있으나, 사법기관이 기능적으로 통일된다면, 충분히 해소될 수 있는 문제이다.

4. 현행헌법상 사법규정의 문제점과 해결방안

1) 기관중심에서 기능중심으로 – 사법제도규정의 통합

현행헌법은 제5장에서 「법원」이라는 제목으로 10개조에 걸쳐 사법부에 관한 기본규정을 두고 있다(제101조~제110조). 사법권을 담당할 원칙적인 국가기관으로 「법원」을 두고 헌법재판을 관장하는 기관으로 제6장에서 헌법재판소를 별도로 규정하고 있다. 즉, 현행헌법은 헌법상 사법기능을 규정하는 방식으로 기능중심이 아니라 기관중심으로 규정하고 있다. 따라서 사법기능 및 사법권의 의미에 관한 해석도 이러한 헌법규정의 기관중심적 특성에 따라 이해되어온 점도 부정할 수 없다.

사법부의 장(章)이 「법원」이라는 제목으로 붙여진 것은 제헌헌법 이래로 일관되게 규정되어온 것이지만, 그 명칭에 있어서 약간의 문제가 있다. 즉, 최초의 유진오 헌법초안에서는 장의 제목을 「사법」이라고 하고 있었는데, 행정연구회를 거치면서 「법원」으로 수정하여 국회에 제출된 것이다. 헌법에서 사법기능을 담당할 국가기관의 명칭을 장의 제목으로 정하고 있는 예는 많지 아니하고 대부분의 나라들은 「사법」 혹은 「사법부」라고 제목을 정하고 있다.

현행헌법의 사법관련규정이 대법원과 헌법재판소로 분리되어 규정된 것은 제헌헌법 이래 헌법재판기관의 부침과도 밀접한 관련이 있는 것이지만, 무엇보다도 **「사법」의 개념**에 관한 인식의 차이가 컸기 때문이라고 생각된다. 즉, 제헌헌법 제정 당시의 사법인식은 일본헌법학의 영향 하에서 철저히 근대적 사법개념으로 한정되어 있었던 것으로 이해된다. 이러한 제헌헌법의 사법인식은 이후 우리나라의 사법권력과 사법제도의 설정 및 그 운영에서 기본적인 인식틀로 자리잡았고, 대법원을 중심으로 하는 법원은 근대적 사법개념에만 매몰되어 헌법재판권은 사법이라기보다는 대법원이 예외적으로 그 권한을 가지는 작용이라는 인식이 깊이 뿌리내렸던 것으로 생각된다.

결론적으로, 사법의 장에 헌법재판소와 대법원(최고재판소)을 동시에 규정하되, 그 규정방식은 사법에 관한 통칙규정을 두고 이어서 헌법재판소, 대법원(최고재판소), 각급법원(재판소)의 순서로 정할 수 있을 것이다.

2) 최고법원을 여러 개로

현행헌법상 사법부는 최고법원인 대법원과 헌법재판소가 사법부 최고기관으로 이해되고 있다. 앞서 본 바와 같이, 사법기능이 확대되면서, 자연스럽게 사법기능의 전문성을 필요로 하게 되고, 그에 따라 사법부의 최고기관까지도 다원화하는 경향을 보이고 있는데, 이에 따라 우리나라의 사법부도 **다원화**할 필요가 있다. 즉, 전문성에 따라, 헌법재판소, 최고법원, 최고행정법원 정도로 최고사법기관을 다원화한다면, 사법부의 존재이유인 국민의 기본적 인권보호에 보다 충실할 것으로 기대된다.

3) 법관인가, 재판관인가 – 사법관의 명칭 문제

사법관의 명칭과 관련해서도 현행헌법규정은 상당한 혼란을 보여주고 있다. 즉, 제101조에서 「법관으로 구성된」 법원이라고 표현하여 사법권을 담당하는 법원의 구성원이 「법관」임을 명시하면서, 법관의 자격을 법률로 정하도록 하여(제101조 제3항) 법관자격법정주의를 규정하고 있다. 제102조에서는 「대법관」을 두는 근거를 규정하고, 제104조에서는 「대법원장」, 「대법관」 및 「대법원장과 대법관이 아닌 법관」의 임명방법을 규정하고 있다. 제106조에서 법관의 신분보장에 관하여 규정하고 있고, 제110조에서는 군사법원의 근거규정을 두면서, 「재판관」이라는 용어를 쓰고 있다. 또한 제6장에서는 헌법재판소를 규정하면서, 그 구성원으로서 「재판관」이라는 명칭을 사용하고, 재판관의 자격으로 「법관의 자격」을 요구하고 있다.

현행헌법은 사법기능을 담당하는 국가기관으로 법원과 헌법재판소 그리고 군사법원을 예정하고 예외적으로 행정심판을 허용하고 있다. 아울러 사법기능을 담당할 공직자에 대하여 「법관」 혹은 「재판관」이라는 명칭을 사용하고 있어서 명칭 자체로 제도화의 장애요소로 작용하고 있으며, 그 의미에 관하여 상당한 혼란을 야기하고 있다.

사법기관의 명칭과 함께 사법관의 명칭도 **재판관**으로 통일하는 것이 바람직할 것이다.

4) 헌법재판권한을 집중시키고 확대하자

현행헌법은 헌법재판소의 권한사항으로, 위헌법률심판, 탄핵심판, 정당해산심판, 기관간 권한쟁의심판, 헌법소원심판 등 다섯 가지를 정하고 있다.

현행헌법상 규범통제제도는 헌법재판소(위헌법률심판)와 대법원(위헌 · 위법명령 · 규칙심사)으로 이원화되어 있는데, 이를 일원화하여 제2공화국헌법과 같이 헌법재판소에서 전담하도록 함이 바람직하다. 규범통제제도가 일원화된다면, 현행헌법 하에서 야기되었던 헌법재판소와 대법원 간의 권한분쟁도 자연스럽게 해소될 수 있을 것이다.

현행헌법에 추가되어야 할 사항으로는, **조직법률(organic law)**에 대한 위헌심사, **선거소송**, 정 · 부통령 **궐위 및 권한대행 결정권**, **대통령과 국회의 행위의 합헌성에 대한 판단 권한** 등을 새롭게 추가할 필요가 있다.

5) 헌법재판소와 대법원을 어떻게 구성할까

최고사법기관으로서 헌법재판소와 대법원을 어떻게 구성할 것인가의 문제는 국민의 기본권보장과 직결된다. 헌법재판소의 재판관과 대법원의 대법관의 수가 다수인 것은 법적 견해의 다양성을 전제하기 때문이다. 따라서 헌법재판소와 대법원의 구성방법에서도 이러한 법적 견해의 다양성을 구현할 수 있는 방법이어야 한다.

최고사법기관을 구성하는 경우, 민주성이 중시되는 경우에는 국민이 직접 구성하게 하거나 또는 관여하게 하는 방법과, 국민대표기관에 의하여 구성하는 방법이 있다. 독립성이 중시되는 경우에는, 헌법에 규정된 별도의 추천 또는 선출기구에 의한 구성방법과 법관 또는 법관의 자격을 가진 자들로 구성되는 기구에서 선출하는 방법이 있다. 우리나라는 2공화국 당시 대법원장 및 대법관선거제가 도입된 적이 있지만, 5 · 16군사쿠데타로 인해 무산되었다.

현행헌법상의 규정과 관련된 문제들로서, 우선 양 기관의 구성원 후보자의 자격요건의 문제를 지적할 수 있다. 현행헌법상 헌법재판소 재판관은 법관의 자격을 가진 자로서 국회에서 3인, 대법원장이 3인, 대통령이 3인을 임명하도록 하고 있고, 대법관의 경우, 대법원장의 제청으로 국회의 동의를 얻어 대통령이 임명하도록 하고 있다. 헌법재판소의 경우에는 민주성을 중시하고, 대법원의 경우에는 독립성이 중시된 것으로 볼 수 있다. 헌법재판소 재판관의 경우 법관의 자격이 전제되는데, 이는 오히려 변호사의 자격을 가진 자로 함이 타당할 것이다. 뿐만 아니라 사회의 다양한 목소리를 수렴하기 위해서는 반드시 법조인이 아니더라도 헌법재판소 재판관으로 될 수 있도록 함이 타당하다. 대법관의 경우 대법원장의 제청으로 국회의 동의를 얻도록 하고 있는데, 이는 법적 견해의 다양성이라는 사법부의 특성 및 법관의 조직내부로부터의 독립과 배치될 수 있다. 과거 유신헌법에서 사법부에 대한 지배를 위해 도입되었던 제도의 잔재이다. 대법관의 경우에는 독립성을 더욱 강화한다는 차원에서 **대법관추천회**의 혹은 이와 유사한 추천기구(예컨대, **사법평의회**)를 통하여 추천한 자를 국회의 동의를 얻어 대통령이 임명하게 하는 것이 필요하다.

헌법재판소의 경우, 2016~17년의 탄핵심판과정에서 드러난 헌법재판관의 공석 문제를 해결하는 규정이 필요하다. 즉, **예비재판관제도**를 두어 헌법재판소의 권한행사에 차질을 빚지 않도록 할 필요가 있다.

6) 헌법재판소 소장의 문제

지난 2006년에 있었던 헌법재판소장 파동은 현행헌법규정상 헌법재판소의 장의 임명방법과 임기에 관하여 명확한 규정을 두지 않았기 때문에 발생한 사태이었다. 2017년 10월 현재에도 헌법재판소장의 임명과 관련하여 논란이 제기되고 있다.

중요한 국가기관으로서 헌법재판소의 장의 임명방법과 임기에 관하여 헌법적 흠결이 있다면 당연히 법률로 이를 보완하였어야 함에도 불구하고 전혀 그러한 시도가 없었다. 차후에 이와 같은 혼란을 피하기 위해서는 헌법재판소의 장의 임명방법과 임기에 관하여 명확한 규정을 두어야 한다.

7) 사법예산권 문제

사법부의 예산편성권은 사법부의 독립을 위한 중대한 요소이다. 현행헌법상 사법부의 예산에 관하여 정부가 예산편성권을 독점하고 있는데, 이는 일면으로는 사법부에 대한 행정부의 견제권의 하나라고 할 수 있지만, 그러한 견제는 국회의 예산심의권을 통해서도 충분하다고 할 것이다. 상대적으로 볼 때, 사법부는 정부와 국회를 통해 이중으로 견제를 받는 것이기 때문에 견제권의 정도에 있어서도 문제가 있다. 사법부의 예산편성권은 미군정 당시의 법원조직법 초안에서는 사법부에 귀속되었던 것을 제헌헌법 제정 후 정부로 넘어간 것이었다. 헌법이 개정된다면 **사법부 예산편성권**은 사법부에 전속시키는 것이 필요하다.

8) 사법관의 임기의 문제

현행헌법은 일반법관의 임기를 10년으로 정하고 있다(제105조 제3항). 일반법관의 임기를 10년으로 한 것은 제헌헌법 이래의 규정이지만, 제헌헌법 제정 당시에도 일반법관의 임기를 종신직으로 하려는 생각이 있었다. 그러나 당시의 사법부가 대부분 일제강점기의 법조 출신이어서 그에 대한 견제로 임기를 10년으로 한 것으로 알려지고 있다. 헌법상 법관의 임기를 10년으로 정하고 있기 때문에 다양한 형태의 법원을 창설하는 데에 많은 장애로 작용하고 있다.

헌법상으로는 헌법재판소 재판관 및 대법관의 경우에는 헌법상 직접 규정을 둘 필요가 있지만, 그 외의 법관에 대해서는 **법률**로 정하도록 함이 타당하다.

9) 사법관의 신분보장의 문제

국가의 사법기능의 담당자인 법관에 대하여 엄격한 신분보장은 필수적이다. 현행헌법상 법관의 자격을 법률로 정하고(제101조 제3항), 대법원장과 대법관 이외의 법관은 대법원장이 대법관회의의 동의를 얻어 임명하며(제104조 제3항), 일반법관의 임기를 10년으로 하되 연임할 수 있게 하고 있다(제105조 제3항). 또한 탄핵 또는 금고 이상의 형에 의하지 아니하고는 파면되지 아니하며 징계처분에 의하지 아니하고는 정직·감봉 기타 불리한 처분을 받지 아니하며(제106조 제1항), 중대한 심신상의 장애로 직무를 수행할 수 없을 때에는 법률이 정하는 바에 의하여 퇴직하게 할 수 있다(제106조 제2항).

헌법재판소 재판관은 법관보다 훨씬 강한 신분보장을 하고 있다. 즉, 헌법재판소 재판관은 탄핵 또는 금고 이상의 형의 선고에 의하지 아니하고는 파면되지 아니한다고 하여(제112조 제3항), 징계처분이 따로 정해져 있지 않다.

헌법에서 정한 법관의 신분보장규정들은 국가기관으로서의 법원의 구성원인 법관에 대한 원칙적인 보장규정이다. 따라서 대법원과 각급법원의 구성원인 법관들은 반드시 이와 같은 헌법상의 신분보장규정들을 준수하여야 한다.

현행헌법상 법관의 신분보장 규정은 (임기를 제외하고는) 크게 문제될 것이 없지만, 급여와 연금 문제, 그리고 징계절차의 기본원칙 등이 추가될 필요가 있다.

10) 검찰 및 경찰 관련규정을 헌법에 정하자

오늘날 세계의 대부분의 헌법에는 검찰 및 경찰 관련규정이 헌법전에 편입되고 있는 것이 보편적 현상이다.

검찰권력은 국가의 형벌권을 집행하는 권력으로서 매우 중요한 권력의 하나임을 누구도 부인할 수 없다. 우리나라의 경우에는 헌법상 검찰관련 규정이 「검사」(헌법 제12·16조)와 「검찰총장」(헌법 제89조 제16호) 단 두 마디밖에 규정되어 있지 아니하여 검찰권력에 대한 헌법적 통제장치가 전무하다. 따라서 개헌이 된다면 검찰관련규정도 헌법규범으로 편입하여 검찰권의 공정한 행사원칙 선언, 독립검찰기구의 헌법적 근거 등 적절한 통제장치를 마련할 필요가 있다.

경찰권의 경우에도 헌법규범으로 명시하는 나라가 적지 아니하다. 개정헌법에서도 경찰제도의 기본구조의 측면에서 경찰권의 분산 가능성 등을 헌법규정으로 선언할 필요가 있다.

5. 규정체제

현행헌법상의 사법제도를 개정하여 새롭게 재구성할 경우 규정의 대체적인 체제는 다음과 같이 될 수 있다.

제0장 사법(혹은 사법부)

제1절 총칙

1) 사법권의 귀속(이 헌법 및 법률에서 정하는 사법기관에 귀속)
2) 사법기관의 종류(헌법재판소, 최고재판소, 최고행정재판소, 기타 법률에서 정하는 법원)
3) 최고사법평의회(구성, 임기 등, 사법부대표선임, 법률위임)
4) 사법관의 명칭(헌법재판소: 재판관, 최고재판소: 재판관, 기타 재판소: 재판관)
5) 사법관의 자격(기본자격), 임기(개별화), 신분보장(면책특권)
6) 사법부예산조항
7) 기타(국민의 사법참여, 예외법원금지, 군사재판소, 신속·공개재

판, …)

제2절 헌법재판소

1) 구성, 임명방법(장 포함), 자격,

2) 임기, 독립성, 예비재판관

3) 권한(위헌법률심판(조직법률 포함), 행정기관의 행위에 대한 위헌·위법심판, 탄핵, 정당(정치결사)심의, 권한쟁의, 헌법소원, 선거쟁송, 정·부통령 궐위확인 권한대행지정, 헌법의 해석, 법률·명령 등의 사전심사)

4) 헌재결정의 효력(헌법재판소에서 결정하는 방법)

5) 규칙제정권 기타

제3절 최고재판소

1) 구성, 임명방법(장 포함), 자격

2) 임기

3) 권한(민·형사사건 기타 일반사건)

4) 규칙제정권 기타

제4절 최고행정재판소

1) 구성, 임명방법(장 포함), 자격

2) 임기

3) 권한(행정, 특허, 노동, 사회보장 관련사건)

4) 규칙제정권 기타

제5절 검찰 및 경찰

1) 검찰의 직무수행원칙 선언－공정한 법집행

2) 특별(ad hoc)검찰기구의 설치근거와 기본내용

3) 경찰권의 분산가능성 명시－자치경찰, 직역별 경찰 등

4) 대통령령 기타

六. 감찰기관-감사원

1. 감찰기능, 왜 필요한가

나랏일은 주권자인 국민이 국가기관에게 맡긴 일이다. 따라서 국가기관이 맡은 일을 제대로 하는지를 점검하는 것은 주권자인 국민의 당연한 권리이다. 국민들은 눈을 부릅뜨고 국가영역의 직무수행에 관하여 감시하고 점검하며 평가한다. 국민은 입법·행정·사법의 각 영역에 대하여 다양한 방법으로 감찰기능을 행사한다. 시민단체나 사적단체에 의해 행해지기도 하고 장기간에 걸쳐 행해지거나 단기적으로 행해지기도 한다. 국가영역에서는 국가 스스로가 자신의 권한행사가 주권자인 국민이 뜻에 맞는지를 점검하고 평가하는 기관이 필요하다. 입법부와 사법부는 국민에 의한 직접적인 감시와 점검 및 평가를 받을 뿐만 아니라, 자율적으로 독자적인 감찰기능을 담당하는 기구를 기관 내부에 두고 있다. 물론 입법부와 사법부를 포함하여 국가 기능 전반에 걸쳐 감찰기능을 행사하는 독립적 기관을 둘 수도 있지만, 세계국가들의 일반적인 경향은 행정영역에 대한 감찰기능을 담당하는 기관을 두는 것이다. 국가의 최고감사기구는 공공감사의 수행을 통하여 정부의 세입과 세출 등 공공자원집행에 대한 책임성과 투명성을 확보하고, 공공부문의 운영과 관리실태에 대한 독립적인 견해를 제공

하는 감사전담 국가기관이다. 특히 민주주의에 따라 정부가 교체될 경우 전임정부의 국정운영과 직무수행에 대하여 공정하고 책임있게 감찰하여 차기 정부의 국정운영과 직무집행에 참고로 되도록 하는 것이 바람직하다.

오늘날에는 최고감사기구는 합법성을 중시하는 과거지향적인 **적발·비판기능**과 함께 경제성, 효율성, 적정성 등을 강조하는 성과감사를 통해 **조언적·평가적 기능**을 확대하는 경향을 보이고 있다. 또한 국정 전반의 책임성과 투명성을 확보하기 위하여 국회와 국민들의 요구를 수용하여 감찰기능을 행사하고 그 결과를 국회와 국민들에게 공개하여 공유하도록 하고 있다.

우리나라의 경우 과거의 감사원은 기능에 충실하기보다는 정치권력의 요구에 따라 감사를 회피하거나 감사결과를 왜곡한 사례가 적지 않았고 그에 따라 정치적 논란을 불러일으키거나 불필요한 반복감사를 초래하는 등 감사원제도 자체에 대한 불신이 적지 않았다. 이에 국가기능으로서의 감찰기능을 올바로 행사하도록 하는 여러 원칙이 헌법상 확립되고 그에 따라 감사원의 지위를 규정할 필요가 있다.

2. 감찰기능의 지도원칙

1) 독립·자율성의 원칙

국가감찰기능의 가장 중요한 지도원칙은 **독립·자율성의 원칙**이다. 감찰을 담당하는 기관이 정치권력에 예속되면 정치권력의 이해관계에 매몰될 것은 불 보듯 뻔하다. 따라서 감찰기능을 담당하는 기관의 인사와 조직, 재정 등이 독립적이고 자율적인 방법으로 행해지도록 헌법에서 명확히 보장하여야 한다. 현행헌법은 감사원을 대통령 소속하에 두고 원장을 포함한 5인 이상 11인 이하의 감사위원으로 구성하게 되어 있다. 감사원장은 국회의 동의를 얻어 대통령이 임명하며, 임기 4년을 1차에 한하여 중임할 수 있게 하고 있다. 감사위원도 대통령이 임명한다. 감사원장과 감사위원의 임명을 대통령이 주도할 수 있게 되어 있어서 감사원이 대통령에게 종속되는 것을 피하기 어렵다. 또한 감사원법에서는 5급 이상의 고위직 감사원공직자들에 대해서도 원장의 제청으로 대통령이 임명하도록 하고 있기 때문에 그 대통령종속성은 피할 수 없다. 뿐만 아니라 예산도 전적으로 대통령의 승인을 받게 되어 있어서, **인사와 예산** 모두에서 대통령에게 종속되어 있다. 비록 감사원법에서는 직무상 독립을 규정하고 있지만, 사실상 대통령에게 철저히 종속되어 있다. 기능의 측면에서 입법부나 사법부에 준하는 정도의 중요성을 가지는 만큼 독립성과 자율성을 확립하여야 한다.

2) 합법성의 원칙

국가감찰기능은 철저히 합법적으로 이루어져야 한다. **합법성**은 현대국가의 권한행사에서 필수적으로 요청되는 것으로서 민주주의의 한 내포이다. 현행헌법상 감사원은 국가의 세입·세출의 결산, 회계검사, 직무감찰 등을 하도록 규정하고 있는데, 이러한 권한의 행사는 하위의 법률에서 구체적으로 명확하게 규정될 필요가 있다. 특히 지방분권국가의 기본틀이 정해진다면, 지방정부와 중앙정부 사이의 감찰기능의 행사문제가 첨예하게 대두될 수 있다. 따라서 헌법에서 중앙정부의 감찰기관을 정하되 지방정부에 대한 감찰기능의 범위와 한계의 문제도 명확히 규정하는 것이 필요하다.

3) 공정성의 원칙

국가 감찰기능의 행사는 **공정**하게 이루어져야 한다. 국가행정 전 영역에 걸쳐 공정한 감찰이 이루어지고 그에 따라 국가행정의 책임성과 효율성 그리고 적정성을 점검하고 그 결과에 따라 다시금 행정영역과 입법영역에 되돌려 대책을 구하도록 하여야 한다. 특히 국가영역 중 기밀을 요하거나 상세한 회계 및 직무감찰이 어려운 영역에 대해서는 엄격히 법률규정으로 그 감찰가능성을 정하도록 하여야 한다. 기밀성이나 감찰곤란성을 이유로 감찰 자체를 불가능하게 하는 것은 자칫 국가기능을 왜곡할 우려가 있다.

4) 효율성의 원칙

국가감찰기능은 효율적으로 실행되어야 한다. 시간적으로 장기간 혹은 단기간에 감찰이 행해지는 경우에는 감찰 자체의 목적을 달성하기 어렵다. 장기간의 감찰이 행해지는 경우에는 국가기관의 직무집행에 방해가 될 수도 있으며, 피감기관의 권한행사를 불가능하게 할 수도 있다. 단기간의 감찰이 행해지는 경우에는 졸속감찰로 인해 감찰 자체의 목적을 달성하기 어렵다. 시간적인 측면뿐만 아니라 인적 측면에서도 감찰담당자들의 전문성과 책임성을 제고하여야만 감찰기능의 **효율성**을 제고할 수 있다.

3. 감사원제도를 새롭게 만들자

1) 감사원 구성방법

현행헌법은 감사원이 회계감사와 직무감찰을 모두 담당하는 구조로 되어 있다. 과거에는 헌법상 심계원과 정부조직법상 감찰위원회가 있었으나, 1963년 3공화국헌법부터 심계원과 감찰위원회를 통합하여 감사원으로 헌법에 규정하여 현재에 이르고 있다. 이에 헌법상 회계감사기관과 직무감찰기관을 분리시키고 회계감사기관을 국회에 두자는 의견이 여러 헌법개정안에서 주장되고 있다. 이러한 견해들이 등장한 이유는 그동안 감사원이 대통령에 속해 있어서 대통령의 정치적 요구를 거부하기 어려웠던 데에서 기인한 것으로 생각된다. 이 문제와 관련해서는 두 가지 쟁점을 생각해 볼 수 있다. 하나는 감사기능을 회계감사와 직무감찰로 분리하는 문제이며, 다른 하나는 회계감사기능을 분리하여 국회에 속하게 할 것인가이다.

첫 번째 **감사기능의 분리문제**는 나라에 따라서는 회계감사만을 담당하도록 하는 경우도 적지 않다는 점에서 분리가 적절하다고 할 수도 있다. 하지만, 현대적 관점에서 회계감사와 직무감찰 간의 경계가 모호해지고, 그 대상이나 성격, 목적 등에서도 차이점이 줄어들고 있고, 과거 합법성 감사 위주에서 오늘날 성과감사 내지 적정성 감사로 감사의 초점이 전환되고 있다는 점을 고려하면, 굳이 현재의 감사원의 기능을 회계감사와 직무감찰로 분리할 필요는 없다고 생각된다.

다음으로 **감사원의 소속문제**로서 대통령에게 속하게 하느냐 아니면 국회에 속하게 하느냐의 문제는 감사원이 어떻게 존재하느냐에 대한 약간의 오해가 있다. 감사원이 어디에 속하든 간에 중요한 것은 바로 감사원의 독립성과 자율성이다. 따라서 어디에 속하게 하든, 감사원장 이하 감사위원 임명의 방법과 조직 내의 공직자들을 임명하는 권한, 그리고 예산편성과 직무집행을 독립적으로 행사할 수 있도록 한다면 그 귀속은 문제되지 않을 것이다.

결론적으로 말하여, 감사원의 예산편성권을 인정하고, 현행헌법상 대통령이 주도하게 되어 있는 감사원의 인적 구성방법을 입법부와 행정부가 공유하도록 하여, 감사원장과 감사위원을 독립적이고 공정하게 임명하며, 감사원 고위직 공직자들을 독자적으로 임명할 수 있게 한다면 독립성 확보가 훨씬 용이할 것이다.

2) 감사원의 권한 – 지방분권 하의 감사권의 배분

헌법상 감사원의 권한이 확정되더라도, 지방분권 하에서는 그 권한행사의 한계가 있다. 지방분권이 확립되는 경우 지방정부의 권한에는 독자적인 감사권도 포함되어 있기 때문에 중앙정부의 감사권한과 지방정부의 감사권한이 충돌할 가능성이 충분히 존재한다. 따라서 헌법에서 지방정부에 대한 감사권의 범위와 한계를 명시하여 일면으로 지방정부의 독자성을 확보하면서 타면 지방정부의 권한행사의 적정성을 도모하여야 한다. 굳이 헌법적으로 규율한다면 지방감사원의 설치 가능성을 헌법에 명시할 수도 있다. 또한 지방정부의 파산이나 지방정부의 요청이 있는 경우, 중앙정부의 긴급감사권행사의 요건도 규정할 수도 있다.

3) 감사원예산의 독립성 보장

앞서 지적한 것처럼, 국가감찰기능의 적정한 행사를 위해서는 감사원의 예산상의 독립을 필수적으로 확보하여야 한다. 물론 감사원의 예산은 독자적으로 편성하되 정부의 예산안에 포함시킬 수도 있고, 그렇지 않으면 국회에 독자적으로 제출하게 할 수도 있다. 현행헌법은 국가예산편성권을 정부에 전속시키고 있어서, 정부 외의 국가기관들의 예산편성 시에 정부가 주도권을 갖게 되어 있다. 마음먹기에 따라서는 정부가 다른 국가기관을 통제하는 데에 충분히 이용될 수 있다. 따라서 독립적인 기관들이 가능한 한 정부의 간섭과 통제를 받지 않게 하기 위해서는 예산편성권을 독자적으로 부여하는 것이 적절하다. 예산안에 대한 통제는 국회에 의한 것만으로도 충분하다.

4) 시민참여감사제도

시민참여감사는 감사에 대한 정보나 감사의 투명성을 높이는 차원에서 제기되어 오늘날에는 최고감사기구와 시민 사이의 정보교환이나 협력을 강화하는 제도로서 논의되고 있다. 최고감사기구에 시민이 참여하는 방법은 첫째, 최고감사기구가 시민들에게 감사정보를 공개하고 전달하는 수준, 둘째, 최고감사기구와 시민들 사이에 상호 정보교환과 협력체계를 구축하는 수준, 셋째, 시민이 직접 감사과정에 참여하여 공동으로 감사의 방향과 결론을 내리는 수준 등으로 분류할 수 있다. 현재 우리나라는 둘째 수준의 시민참여가 이루어지는 것으로 평가되고 있다. 헌법규정에서는 구체적인 방법은 법률에 유보하더라도 감사과정에 시민이 참여할 수 있는 근거를 규정하는 것으로 충분할 것이다.

七. 인권보호기관 - 국가인권위원회

20세기에 들어와 인권이 범인류적으로 가장 중요한 가치로 인식되자, UN은 1946년부터 인권보장을 위한 국내기구를 설치할 것을 권장하였다. 유엔 인권위원회는 1978년 「국가인권기구(NI)의 구조·기능에 관한 가이드라인」(제네바 원칙)을 제정하고, 총회에서 인준하였다. 1990년대에는 국가인권기구의 워크샵이 진행되어 「파리원칙」이 성안되고 1993년 UN 총회에서 채택되었다. 「파리원칙」은 국가인권기구설립에 관한 국제사회의 보편적인 기본준칙으로 「국가인권기구는 인권을 보호하고 향상시키는 데 필요한 권한을 가져야 한다. 국가인권기구는 다른 국가권력으로부터 독립적 지위를 보장받기 위하여 그 구성과 권한의 범위를 헌법 또는 법률에 의하여 구체적으로 부여받아야 한다.」고 규정하고, 국가인권기구의 권한과 책임, 구성의 독립성 및 다원성의 보장, 운영방식, 준사법적 권한을 가진 국가인권기구의 지위에 관한 추가원칙 등에 걸쳐 국가인권기구의 기본적 요건들을 구체적으로 열거하고 있다.

우리나라는 1993년부터 국가인권기구설립을 위한 다양한 요구가 나타났고, 2001년에 국가인권위원회법이 제정·공포되어 같은 해 11월부터 국가인권위원회가 출범하였다. 그러나 집권정부의 인권인식에 따라 인권위원회의 조직과 활동이 축소·위축되기도 하였다. 이것은 국가인권위원회가 헌법기구가 아닌 대통령 소속의 법률상 기구라는 점이 크게 작용하였다. 따라서 국가인권위원회의 독립성과 자율성을 최대한 확보하기 위해서는 「파리원칙」에 따라 국가인권위원회를 **헌법상의 기구**로 격상하여 그 조직과 활동을 보장하도록 하여야 한다.

八. 특히 형사사법기관-검찰과 경찰의 문제

1. 형사사법제도의 개혁

새 정부 들어 검찰과 경찰의 개혁문제가 핵심과제로 떠오르고 있다. 검찰과 경찰은 모두 죄지은 자 벌주는 기관으로서 형사법집행을 담당하는 형사사법제도에 속한다. 지난 20세기 이후 우리나라의 검찰과 경찰은 국가권력의 한 부분으로서 우리 사회와 국민의 인식 속에 긍정적인 측면보다는 부정적인 측면이 많이 각인되어 왔고 따라서 민주화 이후에도 검찰과 경찰의 개혁문제는 집권세력이 바뀔 때마다 중요한 쟁점으로 떠오르곤 하였다. 그러나 87년 헌법체제 이후 30년이 지났음에도 불구하고 검찰과 경찰의 개혁문제는 여전히 풀어야 할 과제로 남아 있는 상황이다.

우리나라의 형사사법제도는 그동안 철저히 정치권력에 종속되어 왔음을 부인하기 어렵다. 국가기관으로서 기능을 지향하기보다는 정치권력에 영합하여 권력을 지향하여 왔던 것이다. 이제 권력지향이 아니라 기능지향으로 형사사법제도의 설정을 고민하여야 한다.

2017년 10월 현재 검·경을 포함한 형사사법제도개혁의 문제에서 제시되고 있는 쟁점은 네 가지이다. 즉, 법무부의 탈검찰화, 고위공직자비리수사처(이하 '공수처'라 약칭함) 설치, 검·경 간의 수사권 조정, 영장청구권자 문제 등이다.

2. 법무부의 탈검찰화

형사사법제도는 범죄를 저지른 자에 대하여 처벌하는 기능을 갖는 제도이며, 그 담당기관인 형사법집행기관은 정부의 한 부처인 법무부이다. 법무부는 사전적·예방적 차원에서 범죄를 예방하고 사후적·교정적 차원에서 범죄자를 처벌하는 기능을 담당한다. 2017년 10월 현재 법무부의 조직을 보면, 기획조정실, 법무실, 검찰국, 범죄예방정책국, 인권국, 교정본부, 출입국외국인정책본부 등으로 구성되어 있고, 소속기관으로 각 조직 소속으로 검찰청, 보호관찰소, 소년원, 치료감호소, 교정청, 출입국관리사무소, 외국인보호소 등 다양한 기관을 두고 있다.

법무부의 소속기관들을 보면, 범죄예방, 인권, 교정, 출입국 및 외국인 관련 업무 등, 범죄의 처벌과 무관한 업무가 많고 전문성을 요하는 업무도 적지 아니하다. 따라서 법무부의 직무수행상 직접 검찰이 담당하지 않아도 되는 직무영역까지 검찰이 담당할 필요는 없다. 연혁적으로 보더라도 정부수립 이후 검찰권은 지속적으로 그 권한을 확대하여 검찰과 직접 관련이 없는 영역까지 담당해 온 것을 볼 수 있다.

법무부의 탈검찰화를 위해서는 범죄의 수사와 기소라는 형사사법집행의 핵심적 사항만 검찰이 담당하고 나머지 업무영역은 검찰과 무관하게 인적 구성원들을 충원하여야 한다. 검찰은 법무부의 각 업무영역에 대하여 보조적으로만 관여할 수 있게 하여 검찰 본연의 임무에 충실하도록 하는 것이다. 검찰은 인권을 최대한 보장하면서, 죄지은 자를 잘 가려내어 제대로 처벌받을 수 있게 하는 것이 자신의 가장 큰 직무이다.

3. 공수처 설치문제

1) 공수처의 필요성

최근 미국에서는 트럼프 대통령이 후보시절 러시아와 결탁하여 대통령선거에서 모종의 정치공작을 벌였다는 혐의가 제기되었고, 이를 수사하던 FBI의 코미 국장이 해임되자, 법무부차관이 전직 FBI국장 뮐러를 특별검사로 임명하여 수사하게 하고 있다. FBI국장의 임기는 10년으로 대통령의 임기와는 무관하게 보장되는 것이었고, 따라서 FBI국장을 대통령이 해임하는 것이 연방의 형사법집행을 방해하는 것일 수도 있기 때문에 러시아결탁혐의에 대한 수사와 함께 코미국장의 해임에 대한 수사방해까지도 특별검사의 광범위한 수사대상으로 되어 있다.

미국의 특별검사제는, 연방법률에 의한 경우는 이미 1999년에 법률이 효력을 상실하였으므로 뮐러국장을 특별검사로 임명한 것은 연방법률에 의한 것이 아니라 연방법무부규칙에 의한 것이었다. 그런데 연방법무부규칙에서 특별검사를 임명하는 메커니즘은 어떤 원리에 근거한 것일까?

미국에서 법무부규칙으로 특별검사를 임명하는 가장 중요한 기준은 바로 **'이해관계의 충돌'**이다. 대통령을 정점으로 하여 연방법무부, FBI 등으로 이어지는 형사법집행체계에서 대통령과 그 보좌진인 각부 장관의 범죄행위는 곧 법집행자 자신의 범죄행위를 자신이 수사한다는 것이다. 이 경우 아무리 있는 그대로 수사한다고 하더라도 그 자체가 불공정하다는 의심을 초래하게 된다. 즉, 외관으로 보기에 불공정하게 보일 수 있다. 왜냐하면 범죄 수사와 기소는 형사법집행기관의 재량, 즉 수사할 것을 수사하지 않거나 그 반대인 경우, 기소할 것을 기소하지 않거나 그 반대인 경우에, 수사 및 기소 여부를 재량에 따라 결정하기 때문에 당연히 공정하지 않다는 의심을 받게 되는 것이다. 특히 정치권력의 정점인 대통령에 관련된 사항을 그 대통령의 보좌진이 수사하고 기소하는 경우에는 대통령의 요구에 따라 수사 및 기소 여부에 대한 재량권이 행사될 가능성이 매우 크다고 할 수 있다. 이는 법이 정한 원칙대로 법이 집행되지 않음을 의미하는 것이고 이를 피하기 위하여 정규의 형사법집행기관이 아닌 임시적이고 비정규적인 기구를 두는 것이 바로 특별검사제이다. 연방법률이 제정되는 과정에서도 의회 청문회의 청문주제가 '형사법집행에서 정치를 배제하기(removing politics from the administration of justice)'라고 하여, 특별검사제가 법집행에서 정치적 영향을 배제하기 위한 것임을 명시하였다.

미국의 특별검사제의 또 하나의 특징은 특별검사 임명과 사건수사의 과정이 원칙적으로 비공개이자 비밀리에 행해진다는 점이다. 1978년 연방법률 제정 이후 3차례의 개정을 거치면서, 연방법률이 효력을 가졌던 21년 동안 21건의 특별검사수사사건이 있었는데, 정치적으로 문제되어 정치·사회적인 관심을 끈 사건이 대부분이었지만, 3건은 비밀리에 행해졌고 그중 두 건은 특별검사가 누구이었는지도 공개되지 않았다. 형사법집행과정은 법을 법대로 집행하는 것이고 이 과정은 굳이 공개되지 않아도 무관한 것이다. 공개되면 오히려 정치적 영향을 받을 우려가 더 커지므로 가능한 한 비공개로 수사하고 기소 후 재판과정에서 공개하는 것이 바람직하다.

우리나라에서 공직자비리수사처를 두고자 하는 가장 큰 이유도 알고 보면, 정치권력이 자신의 범죄행위를 은폐하기 위하여 수사와 기소에 재량권을 가진 검찰로 하여금 자신의 범죄행위에 대한 수사와 기소를 하지 못하게 하거나, 정적이나 반대세력들의 행위에 대하여 수사하지 않아도 될 사건을 수사 및 기소하게 하는 일이 빈번했기 때문이다.

만약 형사법집행기관인 검찰이 대통령 및 그 보좌진의 행위 여부를 따지지 아니하고 엄정하게 수사하고 기소한다면, 특별한 검찰기구를 둘 필요가 없다. 하지만 아무리 엄정하게 법집행을 한다고 하더라도 불공정의 의심을 피할 수는 없다. 왜냐하면 형사법집행권을 행사하는 공직자, 즉 법무장관 이하 검·경조직의 구성원들을 대통령이 임명하기 때문이다. 그렇다면 대통령 이하 고위공직자들에 대한 수사는 자신의 사건을 자신이 임명하는 자들에 의해 수사하게 하는 것이고 이는 법집행이 공정하게 행해지지 않을 수 있다는 의심을 받게 된다. 소위 '**불공정의 외관**'을 갖게 되는 것이다. 결국 법집행의 공정성을 확보하기 위해서는 정규의 법집행기관이 아닌 비정규의 임시적인 기관을 둘 수밖에 없다. 이는 미국이든 우리나라든 혹은 다른 나라들이든 어디서나 있을 수 있는 당연한 요구이다. 다만, 나라들마다 정치적 전통과 역사적 경험이 다르기 때문에, 특별검사제라는 방식으로 법집행의 공정성을 확보할 것인지, 아니면 연방과 주라든가 직역상 분산하든가 하는 방법으로 법집행권한을 분산하여 상호견제와 공정성을 확보할 수 있도록 제도화하는 방법을 활용하고 있다.

문제는 우리나라의 경우 공수처의 필요성에 대하여는 약간 다른 계기가 작용한다는 점이다. 형사법집행기관인 검찰과 경찰이 본래의 형사법집행권을 정상적으로 행사하지 못하고 정치권력의 의도에 따라 왜곡되었던 경험이 크게 작용하여, 특히 검찰권을 분산하여 본래의 형사법집행권한을 제대로 행사하는지를 감시하게 하여 상호견제할 수 있도록 할 필요가 있다는 인식이 널리 퍼져 있다. 이는 검찰권력을 제도적으로 이원화하는 것이라 할 수 있고, 정규의 검찰을 그 관할에 따라 다르게 설치함으로써 형사법집행권의 일부인 **검찰권의 정상화**를 도모하는 것이라 할 수 있다.

검찰권이 정상화되어 대통령과 그 보좌진들의 범위혐의에 대해서도 정치권력의 영향을 받지 아니하고 수사 및 기소를 할 수 있다면 사실 공수처는 불필요한 제도이다. 다만, 앞서 지적한 바와 같이 이해관계가 충돌하는 사건, 즉 자기사건의 경우에는 공정성을 담보하기 위하여 특별사법기구로서 비정규의 수사 및 기소기구로서 특별검사를 임명하는 정도의 제도화가 필요할 수 있다.

2) 문제점

우리나라의 경우, 공수처를 두는 경우에 어떤 성격으로, 어느 정도의 권한을 부여할 것인지가 문제된다. 앞서 지적한 대로, 검찰권을 이원화하여 사건에 따라 그 관할을 달리하여 상설의 공수처와 검찰을 두고 수사 및 기소를 담당하게 한다면, 형사법집행기관이 이원화되는 것이고, 그렇지 아니하고 정규의 검찰을 두되, 이해관계가 충돌하여 불공정의 외관을 띠는 사건, 예컨대 대통령이나 그 친인척의 범죄혐의, 일정 직급 이상의 정부 공직자의 범죄혐의, 때로는 입법부와 사법부의 고위직 공직자의 범죄혐의 등이 제기되는 때에, 일정한 절차를 거쳐 특별검사를 임명하여 독립적으로 수사 및 기소를 담당하게 하는 경우에는 임시적이고 비정규적인 특별검찰기구가 제도화되는 것이다. 기존의 논의에서는 상설의 공수처를 둘 경우를 기구특검이라 하고 임시적이고 비정규적인 특별검찰기구를 두는 것을 제도특검이라 칭하기도 하나, 이는 정확하지 않은 표현이다. 왜냐하면 공수처를 두더라도 특별검사를 임시적이고 비정규적인 지위로 한다면, 이는 기구특검과 제도특검이 혼합된 제도이기 때문이다.

공수처를 두는 경우에도 특별검사를 상임으로 하는 것과 사안이 있을 때마다 그때그때 임시적으로 임명하는 것을 예상해볼 수 있다. 어느 방법으로든 문제점이 있을 수 있다.

먼저, 공수처에 **상임의 특별검사**를 두는 경우에 예상되는 문제점을 지적한다면 다음과 같다.

첫째, 공수처 자체가 또다른 **권력기구화**할 우려가 있다는 점이다.

공수처장의 독립성을 보장하고 특별검사를 상임으로 둔다 하더라도 공수처장과 특별검사의 관계가 명령복종의 관계로 될 가능성이 크고, 따라서 공수처장에 대한 정치권력의 영향력을 확보하기만 하면 공수처에 대한 지배력을 구축할 수 있다. 바로 공수처의 관료화이다. 그렇다면 공수처도 얼마든지 권력기구로서 활용할 여지를 남기게 된다. 이렇게 되면 공수처를 견제할 방법은 또 어떻게 할 것인지의 문제가 대두될 수 있다.

둘째, 공수처와 기존의 검찰 사이의 **관할분쟁**이 나타날 우려도 있다. 물론 공수처 관할사건인 경우 공수처에 이첩하도록 하겠지만, 일반개인이나 비관할사건에 대한 수사 도중 공수처관할사건임이 드러나는 경우에는 공수처와 기존 검찰 사이에 관할상의 다툼이 나타날 수 있다. 그렇게 되면 수사의 일관성과 효율성이 떨어질 수도 있다.

셋째, 공수처장과 상임 특별검사들의 개인적 **권력욕과 출세욕**을 무시할 수 없다. 공수처장과 상임 특별검사의 자격에서 더 이상 개인적인 욕구를 가지지 않아도 좋을 만큼 엄격하고 공정하게 권한을 행사할 사람을 정하도록 하겠지만, 일정 임기 후 권력과 명예를 모두 내려놓기가 쉽지 않을 것이다. 공수처장과 상임 특별검사를 역임한 사람들의 다음 단계가 논란이 될 수 있다.

넷째, 공수처 자체가 검찰보다는 **소규모**일 수밖에 없으므로, 공수처 소속 공직자들의 인사적체나 공직 내에서의 고립을 초래할 수 있다. 그렇게 된다면 공수처 소속 공직자들의 권한 오·남용의 유혹도 쉽게 근절되지 않을 것이다.

다음으로, 공수처를 두되, 공수처장만 두고 특별검사는 사안이 발생할 때마다 그때그때 공수처장이 임명하는 방식으로 제도화하는 경우에 예상되는 문제점을 보자.

첫째, 이 경우는, 사안이 발생할 경우 수사 및 기소를 담당하는 특별검사를 임명하는 권한을 공수처장에게 부여하는 것이므로, 헌법상 대통령이 가지는 **공무원임명권**에 대한 침해가 아닌가 하는 주장이 있을 수 있다. 미국의 경우에는 연방항소법원 특별부에 의하여 특별검사가 임명되는 것에 대하여 연방대법원이 합헌이라고 판단하였지만, 우리나라의 경우에는 특별검사의 임명이 대통령의 권한임을 전제로 하여 대법원장이나 국회의 야당의 추천에 의하되 형식적으로는 대통령이 임명하는 방식으로 특별검사법이 제정되었고, 이에 대하여 헌법재판소가 합헌이라 판단하였다.

특별검사법률 자체에 대하여 위헌 여부가 계속 문제되는 것은 헌법상 명확한 근거가 없기 때문이다. 행정부 고위직 공무원인 검사에 대하여 원칙적으로 대통령이 임명하는 것이 헌법규정의 취지이므로 헌법에 근거를 두지 않은 채, 국회나 대법원장의 관여를 인정하는 것이 대통령의 공무원임명권을 실질적으로 침해한다는 것이 위헌론의 일관된 주장이다. 따라서 공수처의 특별검사를 임시적으로 임명한다고 하더라도 같은 취지의 위헌주장은 언제든지 제기될 수 있다.

둘째, 임시적인 특별검사를 임명하는 경우, 그 **자격 및 적격 여부의 판단기준**이 모호하다는 점이다. 이에 대해서는 미국연방항소법원이 연방법률상의 특별검사(특별검찰관)을 임명할 때의 기준을 참고로 할 만하다. 즉, 특별검사의 후보로 될 수 있는 자에 대하여 광범위하게 인적 자원을 확보하고 그때그때 당사자의 동의를 얻어 특별검사로 임명하는 절차를 거치도록 함이 적절할 것이다.

3) 제 언

고위공직자의 비리는 거의 모든 나라에서 나타나는 필연적 현상으로, 고위공직 자체가 중요한 정책결정권한을 가지는 지위이고 그 정책은 반드시 일정한 이익과 관련된다. 이러한 이익이 공공성을 실현하는 방향이 아니라 사적 이익을 도모하는 데에 기여한다면, 곧바로 비리로 이어진다. 고위공직자의 비리를 척결하는 것은 거의 모든 나라에서 골머리를 앓는 어려운 과제이다.

우리나라의 경우, 그동안 다양한 방법으로 고위공직자비리척결문제를 해결하고자 시도하였으나, 국민의식수준의 미달과 기득권의 저항으로 번번히 실패하였다. 2016년 후반의 촛불혁명은 일면으로 투명하고 합리적인 국가정책결정에 대한 국민적 요구를 보여주는 것이었고, 이제 고위공직자의 비리척결을 위한 제도적 장치를 둘 것을 강력히 요구하고 있다.

2017년 10월 현재, 고위공직자비리척결을 위한 제도적 장치로서 공수처를 두는 법률안이 의원안으로 세 건이 있다. 또한 검찰개혁위원회의 공수처안과 법무부의 공수처법안이 제시되어 있다. 명칭이 다르고 구체적인 부분에서 약간의 차이는 있지만, 기본적으로는 상설의 수사기관을 두고 고위공직자와 관련된 일정한 사건을 수사하고 기소할 수 있도록 하고 있다.

가장 문제되는 점은 바로 특별수사기구를 상설화하여 형사법집행권을 **이원화**한 것이다. 과거 대검찰청 내의 중앙수사부가 막강한 권한을 가지고 집권자의 의도에 맞게 검찰권을 행사한 경우가 있었는데, 고위공직자를 대상으로 하는 특별수사기구를 상설화하는 것은 마치 중앙수사부를 독립시켜 기존의 검찰로부터 분리시킨 것과 유사하다. 그렇다면, 집권자는 공수처만 장악하면 형사법집행에 관여하여 법집행을 왜곡시킬 가능성은 얼마든지 있을 수 있다. 모든 법제도는 한 번 만들어지면 자기생명력을 갖게 되어 폐지하기가 무척 어려운 점을 감안하면, 제도가 처음 창설될 때에는 기본취지에 걸맞게 권한을 행사할 가능성이 크지만, 시간이 경과하면 제도 자체의 기본취지에서 벗어나 권한 오·남용의 유혹에 빠질 가능성이 크다. 더구나 국가권력의 뒷받침을 받는 형사법집행기관의 경우에는 더더욱 그러하다. 이미 기존의 검찰권이 그러한 길을 걸어왔기 때문에 현재의 개혁 논의가 있음을 상기하여야 한다.

그렇다면, 대안은 무엇인가? 바로 미국식 특별검사제를 충실히 수용하는 것이다. 기존의 검찰을 정상화하고 고위공직자의 범죄혐의가 있을 경우에는 공수처장으로 하여금 임시적인 특별검사를 임명하도록 하여 수사와 기소를 전담하여 담당하게 하는 것이다. 공수처는 특별검사를 임명하는 하나의 장치로서만 기능하는 것이다. 이렇게 되면 공수처장조차도 특별검사의 수사와 기소에 관여할 수 없게 되고 특별검사의 독립성과 공정성은 훨씬 더 강화될 수 있다. 구체적 사건을 담당한 특별검사는 그야말로 당해 사건 하나에만 집중하여 수사와 기소를 전담하고 그 임무가 완료되면 특별검사로서의 지위를 그만두게 되므로 형사법집행관으로서 법에 가장 충실할 수 있다.

결론적으로 공수처가 또 하나의 권력기구로 될 우려를 불식하고 형사법집행과정에서 법정신을 충실히 구현하기 위해서는 상임 특별검사를 두는 상설의 공수처를 설치하기보다는 임시적인 특별검사를 임명하는 공수처를 두는 것이 훨씬 바람직할 것으로 판단된다. 개헌과 관련해서는, 위헌 논란을 피하기 위한 헌법적 근거를 두는 것이 필요하다.

4. 검·경 간의 수사권 조정문제

2017년 10월 현재, 검찰과 경찰 사이에 수사권 조정의 문제에 관하여 첨예하게 대립되어 있다. 그 핵심은 범죄수사는 경찰이 전담하고 검찰은 기소권만을 가져야 한다는 것이다. 즉, 수사권과 기소권을 분리하여 경찰에게는 수사권을, 검찰에게는 기소권만을 부여한다는 것이다.

결론적으로 말하여 이 주장은 지극히 기관중심적인 사고의 산물이다. 수사권과 기소권 모두 형사법집행권에 포함되는 것인 점에서 보면, 수사권과 기소권은 원칙상 서로 엄격히 분리될 수 있는 것이 아니다. 즉, 수사를 할 때에도 기소를 염두에 두고 행해지는 것이므로 기소에 필요한 것인지의 여부가 수사할 것인지의 여부를 결정하는 중요한 요인인 것이다. 수사와 기소를 분리하게 되면, 범죄혐의가 있다 하여 수사한 후 기소에 이르지 못하는 경우에 당해 수사로 인하여 야기될 수 있는 인권침해의 결과를 회복하는 것이 지극히 어려워진다.

더욱이 우리나라 경찰이 과거 일제강점기의 억압적 경찰제도로부터 유래하였고, 아직도 그 악습과 관행이 광범위하게 남아 있음을 부인할 수 없다면, 경찰에게 수사권을 귀속시킬 경우 초래될 인권침해나 사회혼란의 위험은 결코 가볍게 생각할 수 없다. 검찰의 문제를 해결하기 위하여 기존의 검찰이 가졌던 수사권을 경찰에 넘긴다고 하여 결코 문제가 해결되지 못한다. 아니, 13만이 넘은 거대한 경찰조직이 수사권을 전담하여 가질 때에 나타날 수 있는 거의 무제한적인 인권침해 가능성은 어떻게 해결할 것인가?

검·경 간의 수사권 조정의 문제는 먼저 경찰의 **인권침해 가능성**을 최소화하는 것이 선행되어야 한다. 경찰은 그 자체로 거대한 권력조직이므로 먼저 경찰조직을 분산시킬 필요가 있다. 경찰의 권력분산은 **수직적 분산**과 **수평적 분산**으로 나눌 수 있다. 수직적 분산은 중앙정부와 지방정부 사이의 경찰조직을 별도로 구성하는 것이다. 연방국가인 경우에는 구성 주들이 독자적으로 경찰조직을 둘 수 있으므로 자연스럽게 수직적 분산이 이루어지지만, 중앙집중적 단일국가인 우리나라는 지방정부의 자치권이 확보되지 않은 상태에서 경찰권을 수직적으로 분산하는 것은 쉽지 않은 일이다. 지방자치가 강화되어 연방수준으로 자치권이 확보된다면 자연스럽게 지방정부의 **자치경찰**을 둘 수 있겠지만, 이는 헌법적 차원에서 먼저 선행되어야 할 과제이다.

수직적 분산이 어렵다면, 수평적 분산의 방법이 있다. 즉, 경찰이 담당하는 여러 직역들을 분리하여 형사법집행분야의 경찰과 치안 및 공공질서유지분야의 경찰을 분리하여 제도화하는 것이다. 이 경우 형사법집행분야의 경찰은 검찰과 통합할 수도 있다. 말하자면 수사분야의 경찰을 검찰과 통합하여 하나의 형사법집행기관으로 만드는 것이다.

이렇게 되면, 경찰과 검찰의 수사권조정의 문제는 자연스럽게 해결된다. 다만, 이 해결책은 기존의 검찰은 환영할 수도 있지만, 경찰은 극력 반대할 것이다. 지금까지의 검찰과 경찰의 기관중심의 사고를 버리지 않는 한, 결코 쉽게 받아들여지지 않을 것이다.

하나의 해법을 제안한다면, 기존의 검찰과 경찰이라는 기관명칭을 버리고 예컨대, 공안청이나 수사청과 같이 수사와 기소의 두 기능을 모두 행사하는 독자적인 기관을 창설하는 방법이 있다.

5. 영장청구권자의 문제

이 문제는 현행헌법상 영장청구권자를 검사로 한정하고 있어서 생겨나는 문제이다. 헌법상 영장청구권자를 검사로 한정한 것은 제3공화국(1963년) 헌법부터인데, 그 규정의 취지는 당시 경찰권에 의한 영장청구가 너무 남발되어 개인의 인권이 과도하게 침해되는 것을 방지하기 위하여 헌법에 직접 영장청구권자를 규정한 것이었다. 혹자는 영장청구권자를 누구로 할 것인가의 문제는 법률사항이지 헌법사항이 아니라는 이유로 헌법상의 영장청구권자인 「검사」를 삭제하여야 한다고 주장하나 이는 헌법에 대하여 무지한 주장이다. 무엇을 헌법규정으로 할 것인가의 여부는 개별국가의 헌법현실에서 결정되고 헌법제정권자가 결정할 사항이지, 어떤 사항을 다른 나라의 경우에 법률사항으로 규정하였다 하여 헌법사항이 되지 못한다는 것은 타당하지 않은 주장이다.

경찰에도 영장청구권을 주어야 한다는 주장은 경찰의 수사권 독립과 직결되어 있는 문제이다. 영장을 청구하면 법관이 발부하게 되어 있으므로 경찰의 인권침해의 우려는 충분히 해소될 수 있다고 보고, 경찰에 수사권을 독립시키면서 영장청구권까지도 인정하자는 주장이다. 우리나라의 경험상 검찰의 권한 오·남용이 경찰보다 훨씬 컸기 때문에 검찰에 대한 견제를 위해서라도 경찰의 수사권을 검찰로부터 분리하여 인정하여야 한다는 것이다.

문제는, 앞에서 본 바와 같이, 현재의 경찰조직을 그대로 두면서 영장청구권까지 경찰에 부여한다면, 경찰에 너무 큰 권한을 부여하는 것이다. 13만이 넘는 거대한 경찰조직에서 수사권과 영장청구권을 한 조직에 부여한다면, 국민 개개인에게 가장 가깝게 권한을 행사하는 경찰의 권한 오·남용의 우려는 불보듯 뻔한 일이다. 자칫 경찰국가를 초래할 수도 있다.

특히 인신구속영장은 개인의 신체에 대한 구속뿐만 아니라 그 자체 국가권력이라는 이름 아래 시민사회를 억압하는 가장 효율적 수단이므로 개인과 사회구성원의 자유를 가장 쉽게 억압할 수 있다. 물론 인신구속에 대한 제한장치로서 헌법 및 법률에 다양한 수단을 정하고 있지만, 어디까지나 사후적 수단들 위주로 되어 있지 사전적 수단들은 그리 효과적이지 못하다. 따라서 인신구속을 포함한 영장청구 자체에 대한 사전적 통제장치를 두는 것이 가장 바람직할 것으로 생각된다.

앞에서 본 바와 같이, 경찰제도에 대한 **획기적인 재구성**을 통해 형사법집행기관을 통일적으로 구성하여 현재의 검찰과 경찰을 하나의 조직으로 통합한다면 영장청구권의 문제도 자연스럽게 해결될 수 있다. 혹자는 검찰과 경찰을 통합하는 경우 그 조직이 현재보다 더 규모가 커지고 더 강력해지기 때문에 오히려 위험할 것이라 우려하기도 하지만, 지방분권화에 따른 지방경찰제도가 확립되고, 공수처와 같은 권력제한장치를 둔다면, 그 위험은 충분히 해소될 수 있을 것이다.

마무리글

헌법은 강둑과 같다. 강둑 내에 물줄기가 어떻게 변하든 간에 강둑이 굳건하게 구축되어 어떠한 파괴적 힘에도 무너지지 않으면 그 강은 처음에 만들어진 대로 유지되고 오랫동안 지속할 수 있다. 강둑을 깨뜨리려는 힘은 강의 내외에서 작용한다. 강 안에서 흐르는 물줄기가 강둑을 깨뜨리면 강물은 원래 강둑이 향했던 방향과는 다르게 흘러간다. 강 밖에서 강둑을 무너뜨릴 정도로 강한 물줄기가 밀려들면 기존의 강둑이 무너지고 새로운 물줄기를 형성하게 된다.

지금까지 우리나라는 물이 마른 강둑 안에 또 다른 둑을 쌓고 서로 자신의 물줄기가 바른 물줄기라고 주장해왔다. 이제 강물이 불어나서 둑 안의 둑을 무너뜨리고 하나의 강줄기로 바꾸어 가고 있다. 아니 우리의 물줄기가 더욱 흘러넘쳐서 강 밖의 세상까지도 우리의 물줄기 속에 끌어들이고 있다. 강물이 흘러넘칠 때에는 새로운 강둑이 필요하다. 2017년 현재, 촛불혁명을 이끌어낸 촛불의 집단지성은 과거의 틀과 방식을 벗어나 새로운 대한민국을 만들기 위한 국민적 요구로 나타나고 있다. 새로운 대한민국은 지금까지의 좁은 강둑이 아니라 더 넓고 튼튼한 강둑을 만들고자 하는 요구이다. 안으로는 국민 개개인의 삶을 풍요롭게 하고 밖으로는 세계를 담을 수 있는 열린 헌법을 만들어야 한다.

새 헌법은 20세기의 경험을 토대로 하여 21세기의 대한민국을 새롭게 설계하는 일이다. 기본정신과 이념에서 대한민국의 나라다움을 표현할 수 있어야 하고, 나아가 변화된 시대에 발맞추어 국민의 기본적 인권을 철저히 보장할 뿐만 아니라 변화된 국민의 의식구조에 걸맞게 국가조직을 재구성하여야 한다. 헌법개정의 과정은 기존의 정치권이나 정부가 주도하기보다는 진정으로 국민 전체의 의사가 수렴될 수 있도록 합리적이고 공정한 절차와 기구를 통하여 실현되어야 한다.

모든 규범은 인간의 이익과 욕구를 충족하기 위한 수단이다. 헌법도 또한 다르지 않다. 개인이나 소수의 이익이나 욕구가 아니라 국민 전체의 이익이나 욕구를 위하여 헌법을 만들고 실현하여야 할 것이다.

대한인민과 인류 전체의 삶을 풍요롭게 만드는 헌법이 만들어지기를 기대하면서…

[저자 소개]

이헌환 아주대학교 법학전문대학원 교수, 한국공법학회 회장(2017)

저자는 서울대학교 법과대학(1982)과 동 대학원 석사과정(1985) 및 박사과정을 이수하고, 동 대학교에서 "정치과정에 있어서의 사법권에 관한 연구"라는 제목으로 박사학위를 받았다(1996). 1990년부터 서원대학교 법학과에서 교수로 재직하였으며, 학생처장과 학술정보원장을 역임하였다. 미국 위스콘신 로스쿨의 방문학자로 1년간 체류하였다(1997-1998). 2006년 9월 이후 아주대학교 법과대학, 2009년 3월 이후 아주대학교 법학전문대학원의 헌법전공교수로 재직하고 있다. 아주대학교 법학도서관장과 법학연구소장을 역임하였으며, 2012년부터 2년 동안 대법원 법관인사위원회 인사위원으로 참여하였다. 한국공법학회 부회장, 한국헌법학회 부회장, 세계헌법학회 한국학회 총무이사, 법과사회이론학회 회장을 역임하였으며, 2017년 10월 현재 한국공법학회 회장으로 재임 중이다.

저서로는, 특별검사제 – 미국의 제도와 경험(2000), 법과 정치(2007), 미국법제도 입문(공역, 2013), 법치주의란 무엇인가(역서, 2014), 사법권의 이론과 제도(2016) 등이 있으며, 사법시험 2차시험위원(2006년, 2013년)과 다수의 국가시험 위원을 역임하였다.

헌법 새로 만들기: 무엇을 어떻게

2017년 11월 27일 초판인쇄
2017년 12월 1일 초판발행

저 자 이헌환
발행인 이구만
발행처 유원북스 도서출판
04091 서울특별시 마포구 토정로 222,
한국출판콘텐츠센터 416호
대표전화 (02)593-1800 Fax (02)6455-1809
등록 2011. 9. 6. 제25100-2012-3호
www.uwonbooks.com uwbooks@daum.net

정 가 15,000원 ISBN 978-89-97926-79-4

이 도서의 국립중앙도서관 출판예정도서목록(CIP)은 서지정보유통지원시스템 홈페이지(http://seoji.nl.go.kr)와 국가자료공동목록시스템(http://www.nl.go.kr/kolisnet)에서 이용하실 수 있습니다. (CIP제어번호: CIP2017031236)